국어도 풀고, 사회도 풀고, 과학도 풀고

"잠깐만요, 답 쓰게 답 좀 다시 불러주세요."

　새롭게 바뀐 교육과정에서는 토론식 교육을 강조하지만, 우리의 아이들은 여전히 손을 들고 발표하기보다는 엄마가 검사하는 학습지의 답안을 메꾸기에 급급해 하고 있습니다. 똑같은 학습지에 똑같은 답안들이 적혀 나갑니다.

　한 가지 문제에는 한 가지 답, 한 가지 생각만 있는 게 아닙니다. 한 가지 문제에도 백 가지 대답을 생각하는 아이, 창의적 발상과 깊이 있는 사고를 가진 아이, 그 아이가 바로 21세기가 원하는 인재입니다.

　단답형과 객관식은 이제 구시대의 유물이 되어 버렸습니다.

　'왜 그래야만 하지?' '이렇게 해 보면 어떨까?'

　남들이 하지 않는 생각, 최초로 시도하는 새로운 생각들이 백 가지 답을 생각해내는 창의적인 아이로 자라게 합니다.

　쓰지 않아도 좋습니다. 생각이 너무 많아 적을 수 없다면 생각을 발표하고 기억하는 것으로도 충분합니다. 생각이 확실하고 쑥쑥 자라고 있다면야 그저 몇 자 적어 넣는 것쯤 거른다고 대수겠습니까?

　종교 재판에 회부되면서까지 지구가 돈다고 주장했던 갈릴레오나 바다 끝에는 지옥이 아니라 신대륙이 있다고 믿은 콜롬버스, 이들은 모두 남들이 하지 못하는 생각을 해냄으로서 시대를 앞서 나갈 수 있었고 선각자의 이름으로 영원히 역사에 기록될 수 있었습니다.

　슬기롭게 자라날 우리 아이들을 생각하며, 2학기용으로 새롭게 구성한 4호를 내놓습니다. 계속적인 관심과 성원을 부탁드립니다.

지은이 **서울대 국어교육학 박사 박학천**

바깔로레아 국어논술
교과서와 논술의 통쾌한 만남

- 국어 사회 과학 + 독서 논술 토론 통합 프로그램입니다.
- 쉽고 부담 없는 자료를 편하게 따라만 가면 저절로 사고력, 독해력, 이해력이 자라는 검증된 프로그램입니다.

단원별 학습 목표 및 구성

week 01 발상사고혁명
실질적인 〈발상·사고〉 훈련
- 고정 관념을 깨고, 개성적인 사고를 기릅니다.
- 스스로 질문하고 비판하는 시각과 자세를 기릅니다.

week 02 교과서 논술 01
〈국어 능력〉 심화 학습
- 국어 교과서 선행 학습으로 단원의 핵심을 이해합니다.
- 수행평가, 논술형 문항으로 국어과 학습 능력을 키웁니다.

※ 교과서 활용 : 『말하기·듣기』 / 『읽기』

week 03 독서 클리닉
실질적인 〈읽기 능력〉 향상 훈련
- 억지로 읽기보다는 읽는 맛과 재미를 알려 줍니다.
- 비판적 읽기, 개성적 읽기로 글을 보는 안목을 키웁니다.

week 04 교과서 논술 02
〈국어 능력〉 심화 학습
- 국어 교과서 선행 학습으로 단원의 핵심을 이해합니다.
- 수행평가, 논술형 문항으로 국어과 학습 능력을 키웁니다.

※ 교과서 활용 : 『말하기·듣기』 / 『읽기』

······ 병아리도 날 수 있다!

week 05
영재 클리닉 01

사회 교과서를 활용한 영재 심화 학습
■ 통합 교과 시대를 대비, 사회과 학습 테마를 논술로 연결시켜 쉽고 재미있게 초중고 학습 과정의 주요 주제와 쟁점을 알려 줍니다.
※ 교과서 활용: 『바른 생활』/『사회』

week 06
교과서 논술 03

〈국어 능력〉 심화 학습
■ 국어 교과서 선행 학습으로 단원의 핵심을 이해합니다.
■ 수행평가, 논술형 문항으로 국어과 학습 능력을 키웁니다.
※ 교과서 활용: 『말하기·듣기』/『읽기』

week 07
영재 클리닉 02

과학 교과서를 활용한 영재 심화 학습
■ 통합 교과 시대를 대비, 과학과 학습 테마를 논술로 연결시켜 쉽고 재미있게 초중고 학습 과정의 주요 주제와 쟁점을 알려 줍니다.
※ 교과서 활용: 『슬기로운 생활』/『과학』

week 08
논술 클리닉

『쓰기』 교과서를 활용한 논술 훈련!
■ 쓰기 교과서로 쓰기 학습 능력을 키운 후, 생활문에서 본격 논술까지 자신 있게 자신의 견해를 글로 표현하도록 유도합니다.
※ 교과서 활용: 『쓰기』

차례

발상사고혁명	거짓말! 딱 걸렸어!	**05**
교과서 논술 01	자세히 살펴보아요	**15**
독서 클리닉	지혜의 왕 솔로몬	**25**
교과서 논술 02	이야기가 재미있어요 01	**35**
영재 클리닉 01	내가 환경 지킴이	**45**
교과서 논술 03	이야기가 재미있어요 02	**53**
영재 클리닉 02	우리 마을 지도를 그려 봐요	**63**
논술 클리닉	글이 맛있어요	**71**

책 속의 책 | **GUIDE & 가능한 답변들**

거짓말! 딱 걸렸어!

여러분은 오늘 거짓말을 몇 번이나 했나요? 생각해 보고 친구들과 이야기해 보세요.

상대적 사고를 하자

01 거짓말을 하면 불안해요
02 거짓말이 거짓말을 낳아요
03 알면서도 모르는 척 속아 주자

발상사고혁명 plus

쿠키 도둑을 찾아라

상대적 사고를 하자
거짓말! 딱 걸렸어!

01 거짓말을 하면 불안해요

효민이는 오늘 학원에 가기 전 잠시 컴퓨터 게임을 했어요. 그런데 신나게 게임을 하다 보니 학원 갈 시간이 지난 거예요.
"큰일났다! 엄마가 학원에 안 간 걸 아시면 화내실 텐데……."
효민이는 엄마에게 혼날 생각을 하니 무서웠어요.
그 때 외출했던 엄마가 돌아오셨어요.
"효민이 있었구나? 학원은 다녀왔니?"
"네."
"정말 갔다 왔어?"
"네! 정…말… 학원에 갔다 왔어요."
"그래, 알았다. 그럼 어서 씻고 저녁 먹자."

1 이 글의 상황을 간단하게 설명해 보세요.

2 엄마에게 거짓말을 한 효민이의 마음은 어땠을까요?

3 양치기 소년, 늑대, 피노키오는 어떤 거짓말을 했나요?

- 양치기 소년 ___늑대가 나타났다!_____

- 늑대 ___내가 너의 할머니란다._____

- 피노키오 ___인형극을 본 것이 아니라 학교에 갔어요.___

4 셋 중에 누가 거짓말 왕이 될지 선택하여 이유와 함께 이야기해 보세요.

거짓말 왕은 _____ 가(이) 되어야 해요.

왜냐하면, _____

_____

02 거짓말이 거짓말을 낳아요

1 성민이가 한 거짓말을 써 보세요.

첫째,

둘째,

2 누군가 나에게 거짓말을 한 사실을 알게 된다면 기분이 어떨까요?

3 민철이의 행동에서 잘못된 것은 무엇인가요?

_____

4 민철이가 거짓말을 한 사실을 알게 된 선생님의 마음은 어떨까요?

_____

5 민철이가 선생님께 거짓말도 안하고 혼나지도 않는 방법은 없을까요?

_____

6 사람들이 거짓말만 한다면 어떻게 될까요?

_____

_____

03 알면서도 모르는 척 속아 주자

1 아저씨의 말을 들은 아이는 과자를 샀을까요? 안 샀을까요? 이유와 함께 써 보세요.

2 슈퍼마켓 아저씨가 "그럼, 새로 나온 과잔데 진짜 맛있단다." 하고 말했다면 아이의 마음은 어땠을까요?

3 1번의 그림과 비슷한 경우를 주변에서 찾아 두 가지만 써 보세요.

첫째,

둘째,

4 ①과 ②에서 민철이 말의 차이점은 무엇인가요?

①	②

5 ①과 ②에서 민철이의 말에 따라 엄마의 기분은 어떻게 달라질까요?

①	②
엄마의 기분이 _____ 왜냐하면	엄마의 기분이 _____ 왜냐하면

6 상대방을 기분 좋게 하는 거짓말에는 어떤 것들이 있을까요?

• 상대방을 기분 좋게 하는 거짓말은 이런 것들이 있어요.

___

___

___

7 만약에 사람들이 거짓말을 안 한다면 어떻게 될까요?

___

___

발상사고혁명 Plus | 쿠키 도둑을 찾아라

쿠키를 훔쳐 간 도둑을 찾으려고 해요. 범인으로 지목된 사람은 세 명. 그 중에 누가 도둑일까요?

제가 도둑 맞은 쿠키는 초코렛 쿠키와 아몬드 쿠키예요.

쿠키를 먹으면서 달아나는 도둑을 보았는데 도둑은 파란색 옷을 입고 있었고, 안경을 썼어요.

얼굴은 길쭉하고 몸은 약간 마른 편이었어요.

누가 제 쿠키를 먹었는지 범인을 찾아주세요.

1 쿠키를 먹은 범인을 찾아보고, 왜 그렇게 생각하는지 이유와 함께 써 보세요.

_____

_____

거짓말을 하는 사람들은 공통점이 있어요

여러분도 거짓말을 하는 사람을 찾을 수 있겠죠?

자세히 살펴보아요

내 눈으로 보는 교과서

01 길을 찾아요
02 우리 나라의 명절
03 재미있는 풀 이름

 ## 01 길을 찾아요

1 정아가 서 있는 곳은 어디인가요?

___

2 정아가 우체국을 찾고 있어요. 정아가 우체국에 갈 수 있도록 설명해 주세요.

___

3 정아가 이번에는 치과에 가야 한대요. 우체국에서 치과까지 가는 길을 그림을 보고 설명해 주세요.

4 내가 아는 것을 듣는 사람이 쉽게 알 수 있도록 말하는 방법을 두 가지만 써 보세요.

- 듣는 사람이 잘 들을 수 있도록 큰 소리로 또박또박 이야기합니다.
-
-

우리 학교 주변에는…

1 학교 주변에 어떤 건물들이 있는지 모두 찾아 써 보세요.

_____

2 학교에서 애견센타에 들러 극장을 가려면 어떻게 가야 하는지 설명해 보세요.

학교에서 _____

_____

02 우리 나라의 명절

우리 나라의 명절 가운데에서는 추석, 설, 단오가 큰 명절입니다.

추석은 음력 8월 15일입니다. 추석 무렵이 되면 무더운 여름이 물러가고 서늘한 가을이 시작됩니다. 농부들이 여름 내내 땀 흘린 덕분에 이 무렵에는 풍성한 곡식과 과일을 거둘 수 있습니다. 이 날에는 햇곡식과 햇과일로 차례를 지냅니다. 차례를 지낸 뒤에는 송편을 비롯한 여러 가지 음식을 먹으며 하루를 즐겁게 보냅니다. 밤에는 밝은 보름달 아래에서 강강술래를 하며 놀기도 합니다.

음력 1월 1일은 설입니다. 이 날은 묵은해를 보내고 새해를 맞이하는 첫날입니다. 그래서 새로운 마음으로 한 해의 계획을 세우기도 합니다.

설에는 차례를 지낸 뒤에 웃어른께 세배를 드립니다. 그리고 새해 첫날을 맞아 서로 행복을 기원하는 말을 주고받습니다. 설에는 떡국도 끓여 먹고, 식혜도 만들어 먹습니다. 그리고 가족이나 친척들이 모여 윷놀이나 연날리기를 하기도 합니다.

음력 5월 5일은 단오입니다. 이 날에는 그 해의 풍년을 기원하는 여러 가지 행사를 합니다.

단오에는 모두 고된 일을 쉬면서 하루를 즐겁게 놉니다. 남자들은 씨름을 하고, 여자들은 그네뛰기를 합니다. 또, 여자들은 창포물에 머리를 감기도 합니다. 창포를 삶은 물에 머리를 감으면 머릿결이 좋아진다고 믿기 때문입니다.

1 우리 나라의 큰 명절은 무엇이 있나요?

_____

2 '추석'에 관해 설명한 것을 찾아 써 보세요.

- 추석은 언제인가요? _____

- 추석에 어떤 음식을 만들어 먹나요? _____

- 추석에 무엇을 하며 노나요? _____

3 '설'에 관한 내용을 모두 찾아 써 보세요.

- 음력 1월 1일로 묵은 해를 보내고 새해를 맞는 첫날입니다.

- _____

- _____

- _____

4 '단오'에 관해 설명하고 있는 부분을 모두 찾아 써 보세요.

_____

_____

할로윈

지금으로부터 2,500여 년 전 '켈트 족'의 한 지파인 '골르와 족'은 여름이 끝나는 10월 31일이 한 해의 끝이고 11월 1일부터 새해가 시작된다고 믿었다. 이 때 들판에서 키우던 가축들을 외양간으로 불러들이고 목축에 도움을 준 태양에 감사 드리는 제사를 지내는 것에서 할로윈(halloween)이 유래되었다.

시간이 흐르면서 그 관습이 바뀌어, 1930년대에는 집집마다 문을 두드리며 과자를 요구하는 행사가 생겨났다.

오늘날에는 다양하게 분장한 꼬마 귀신이 문을 열고 들어와서 "트릭 오어 트릿 Trick or Treat : 과자를 주지 않으면 장난을 칠 테야!"하고 외치면서 자루를 내밀면, 어른들은 그 자루에다 한 줌의 과자, 사과, 오렌지 혹은 사탕 등을 넣어 준다.

1 '할로윈(halloween)'의 유래를 설명해 보세요.

2 오늘날 할로윈이 되면 미국의 어린이들은 무엇을 하나요?

03 재미있는 풀 이름

애기똥풀

이 풀의 이름은 ㉠애기똥풀입니다. 줄기를 자르면 노란즙이 나옵니다. 이것이 아기의 똥 같아 애기똥풀이라고 부릅니다.

5월에서 8월 사이에 노란꽃이 핍니다. 꽃이 지고 나면 가느다란 기둥 모양의 열매가 맺힙니다. 이 열매를 짓이겨 벌레 물린 곳에 바르면 잘 낫는다고 합니다.

강아지풀

이 풀의 이름은 강아지풀입니다. 이삭이 강아지 꼬리를 닮아서 강아지풀이라고 부릅니다. 개꼬리풀이라고도 합니다.

9월에 녹색 또는 자주색의 작은 꽃이 핍니다. 강아지풀은 소가 좋아하는 먹이입니다. 그리고 강아지풀 이삭은 새의 모이가 되기도 합니다.

씀바귀

이 풀의 이름은 씀바귀입니다. 쓴맛이 나서 씀바귀라고 부릅니다. 5월에서 7월 사이에 흰색 또는 노란색의 꽃이 핍니다. 사람들은 씀바귀의 잎과 뿌리로 반찬을 만들어 먹기도 합니다.

1 ㉠의 '애기똥풀'이라고 이름 붙여진 이유는 무엇인가요?

_____

2 '강아지풀'에 대해 정리해 보세요.

- 꽃이 피는 시기: _____

- 모양: _____

- 특징: _____
  _____

3 씀바귀의 모습을 그림으로 그려 보세요.

별꽃

별꽃은 꽃의 모양이 별처럼 생겼다고 하여 붙여진 이름이다.

별꽃은 밭이나 길가에서 자라며 한국 뿐만 아니라 전 세계에 분포한다.

별꽃은 전체적으로 연한 녹색으로 가늘고 긴 꽃자루의 한쪽에는 털이 있다. 꽃받침은 5개로 달걀 모양의 긴 타원형이며 다소 끝이 뭉뚝하고 5~6월에 흰색 꽃이 핀다.

별꽃의 열매는 달걀 모양으로 꽃받침보다 다소 길며 끝이 6개로 갈라진다. 또 별꽃의 어린 잎과 줄기는 먹을 수도 있다.

1 '별꽃' 의 이름이 붙여진 이유는 무엇인가요?

___

2 꽃의 색깔은 어떤 색인가요?

___

3 그 밖에 이 글에서 알 수 있는 것은 무엇인가요?

___

『솔로몬 왕』 - 자기 입장에서 읽어요

지혜의 왕 솔로몬

솔로몬은 아이를 왜 이라크 파병을 보내자고 했나요?

자기 입장에서 읽어요

01 삶은 달걀 한 개
02 생화와 조화
03 내가 진짜 엄마라니까요!

독서 클리닉 plus

솔로몬 부탁해요

지혜의 왕 솔로몬

01 삶은 달걀 한 개

어느 마을의 부잣집에서 사람들을 저녁 식사에 초대했어요.

먼저 삶은 달걀이 두 개씩 나왔어요. 배가 고팠던 농부는 삶은 달걀 두 개를 금방 먹어 치웠어요. 농부는 빈 접시를 앞에 놓고 있는 것이 쑥스러워서 옆에 있는 사람에게 조심스럽게 말했어요.

"저, 삶은 달걀을 좋아하시나요? 싫어하신다면 저에게 달걀 한 개만 빌려 주시겠습니까?"

"좋습니다. 그 대신 돌려주실 때는 이 달걀에서 얻을 수 있는 모든 이익을 계산해서 돌려주셔야 합니다."

"네, 그렇게 하지요."

며칠 후, 달걀을 빌려 주었던 사람에게서 청구서가 날아왔어요. 그러나 청구서를 훑어보고 나서 농부는 깜짝 놀랐어요.

당신이 빌려간 달걀은 부화되어 곧 병아리가 되고 병아리는 자라서 암탉이 됩니다. 그 다음 해에는 암탉이 병아리 열여덟 마리를 낳고, 그 다음 해에는 병아리가 자라서 각각 또 열여덟 마리 계속 낳고 자라고……. 그러니 당신이 꾸어간 달걀값이 얼마인지 잘 계산해서 갚아주기 바랍니다.

농부가 청구서대로 갚을 수는 없다고 말하자, 달걀을 꾸어 준 사람은 증인까지 대며 빚을 갚으라고 독촉했어요. 농부는 억울

했어요. 그러던 중 솔로몬 왕을 만났지요. 솔로몬 왕에게 자신의 억울한 마음을 전하였어요. 농부의 이야기를 들은 솔로몬은 그 농부에게 해결 방법을 알려 주었어요.

　다음 날 농부는 달걀을 꾸어 준 농부를 찾아갔어요.

　"여기 삶은 콩이 있어요. 이 콩을 심으면 콩이 수백 개, 아니 수천 개가 열릴 것이고, 그 콩이 다음 해에 또 수백 개 수천 개가 될 터이니 달걀값으로 넘칠 것이오."

1 다음 그림을 보고 빈 칸에 들어갈 말을 써 보세요.

2 달걀값을 갚으라는 청구서를 작성해 보세요.

청구서

♠ 받는 사람:

♠ 보내는 사람:

♠ 청구 내용 :

3 솔로몬 왕이 달걀을 빌려 준 농부를 혼내 줄 방법을 뭐라고 하며 가르쳐 주었을까요?

"달걀을 꾸어준 농부에게 가서 이렇게 말하세요.

_____

                                              "
_____

4 달걀을 빌려 준 농부를 혼내 줄 다른 방법을 생각해 보세요.

_____

_____

02 생화와 조화

이웃 나라 사신이 솔로몬에게 아름다운 꽃을 가지고 찾아왔어요.

"솔로몬 임금님, 이 꽃바구니 중 하나는 진짜 꽃이고 하나는 조화입니다. 두 꽃바구니 중 어느 것이 진짜 꽃인지를 알아맞히시면, 저희 나라 백성들은 솔로몬 임금님을 더욱 칭송할 것이옵니다."

"허허허, 그러니까 나의 지혜를 시험해 보시겠다는 거군요."

솔로몬 왕은 사신의 부탁을 들어주기로 했어요.

"여봐라, 꽃바구니를 꽃밭에 갖다 놓아라. 조금 후에 꽃구경을 가겠노라."

잠시 후, 솔로몬 왕은 많은 신하들과 이웃 나라 사신들을 거느리고 꽃밭으로 갔어요. 뜰에는 예쁜 꽃이 피어 있었고, 꽃향기가 온 뜰에 가득히 넘쳤어요. 벌과 나비들은 꿀을 따느라 잉잉거리며 바쁘게 날아다녔어요.

"임금님, 어떤 꽃이 진짜 꽃인지 찾아보시지요."

사신이 말했어요. 이쪽 저쪽의 꽃을 바라보던 솔로몬 왕은 빙긋 미소를 지으며 말했어요.

"저쪽 꽃바구니의 꽃이 유난히 아름답구나. 그런데 벌들이 모여들지 않으니 안됐구나.

"

솔로몬 왕이 진짜 꽃을 찾아낸 것입니다.

"과연 지혜의 왕이십니다."

1 사신이 솔로몬 왕에게 가져온 꽃은 어떤 꽃인가요?

2 사신이 두 개의 꽃바구니를 가지고 온 이유는 무엇인가요?

사신이 꽃바구니 두 개를 가지고 온 이유는요!

3 솔로몬 왕은 꽃바구니를 왜 꽃밭에 가져다 놓으라고 했을까요? 그 이유를 생각해 보고, ㉠에 들어갈 말을 써 보세요.

4 만약에 내가 솔로몬이라면 어떻게 진짜 꽃을 찾아낼 것인지 방법을 생각해서 써 보세요.

03 내가 진짜 엄마라니까요!

두 여자가 한 아기를 안고 와서 솔로몬 왕에게 서로 자기 아이라고 주장하며 진짜 엄마를 찾아 달라고 했어요.

"솔로몬 왕이시여, 이 아기는 분명 제 아들입니다."

"무슨 소리? 지금 이 여자가 거짓말을 하고 있는 거예요. 이 아기는 제 아기란 말이에요."

두 여인은 서로 자기의 아기라고 우기며 싸웠어요.

아기의 진짜 엄마를 밝히기 위해 여러 가지 조사를 해 보았지만 누가 진짜 아기의 엄마인지 알 수 없었어요. 한참을 고민하던 솔로몬은 드디어 좋은 생각이 떠올라 두 여인을 불러 놓고 말했어요.

"유대에서는 누구의 물건인지 알 수 없을 때는 그것을 둘로 나누는 관습이 있다. 너희들이 서로 자기의 아이라고 우기고 있으니 아이를 둘로 나눠 반반씩 갖도록 하여라."

㉠"네? 아기를 반으로 나눈다구요? 그것 참 좋은 생각이네요."

㉡"그건 안 돼요. 아기를 저 여인에게 주세요. 흑흑흑."

"그래! 이젠 누가 진짜 저 아이의 엄마인지를 알겠구나. 아기를 다른 여인에게 주라고 한 저 여인이 진짜 엄마다."

"감사합니다. 지혜로운 솔로몬 임금님!"

솔로몬 왕의 지혜 덕분에 진짜 어머니는 아기를 안고 기쁨의 눈물을 흘리며 집으로 돌아갔답니다.

1 이 글의 내용이 <u>아닌</u> 것은?

① 아이를 반으로 나누라고 했어요.
② 솔로몬 왕이 이 문제를 해결하지 못했어요.
③ 두 여인이 서로 자기의 아기라고 싸우고 있어요.
④ 솔로몬 왕이 아기의 진짜 엄마를 찾아 주었어요.
⑤ 두 여인이 서로 자기의 아기가 아니라고하며 싸우고 있어요.

2 ㉠과 ㉡의 여인의 행동이 어떻게 다른지 써 보세요.

㉠ "네? 아이를 반으로 나눈다구요? 그것참 좋은 생각이네요."	㉡ "그건 안 돼요. 아이를 저 여인에게 주세요. 흑흑흑."

3 솔로몬은 왜 아기를 반으로 나누라고 했을까요?

솔로몬 왕이 아기를 반으로 나누라고 한 이유는요!

_____

_____

4 솔로몬 왕이 한 방법 외에 아기의 진짜 엄마를 찾아 줄 방법은 없을까요? 솔로몬 왕이 되어 아기의 엄마를 찾을 수 있는 방법을 생각해서 써 보세요.

_____

_____

5 아기의 진짜 엄마를 찾아 준 지혜의 왕 솔로몬은 정말 대단한 것 같아요. 이런 솔로몬 왕에게 격려의 편지를 써 보세요.

독서클리닉 plus | 솔로몬 부탁해요

솔로몬 왕에게 어떤 고민을 해결해 달라고 할까?

1 여러분도 솔로몬 왕이 해결해 주었으면 하는 고민이 있다면 어떤 것이 있는지 써 보세요.

_____

_____

_____

이야기가 재미있어요 01

내 눈으로 보는 교과서

01 개미와 비둘기
02 내가 왕이 될 거야
03 내가 한 명 더 있었으면

뛰어넘자 교과서

쌍둥이 다섯 손가락

 ## 01 개미와 비둘기

1 이야기 속에 등장하는 것을 모두 써 보세요.

_____

2 누가 한 일인지 쓰세요.

① _____ : 물에 빠진 개미를 구해 주고, 개미 덕분에 사냥꾼으로부터 목숨을 건질 수 있었어요.

② _____ : 물에 빠졌을 때 비둘기의 도움을 받아 목숨을 구하고, 사냥꾼의 발을 물어 비둘기를 구해 줍니다.

1 사진 속에는 누가 나오나요?

_____

2 이 사진 속의 상황이 어떤 상황인지 설명해 보세요.

_____

02 내가 왕이 될 거야

아기사자 힘돌이와 센돌이는 초원에서 태어나 함께 자랐습니다. 어느 날, 사냥을 나온 임금이 힘돌이를 잡아 궁궐로 데려갔습니다. 임금은 힘돌이에게 맛있는 고기를 주고, 목에는 금목걸이까지 걸어 주었습니다. 힘돌이는 어느덧 궁궐의 편안한 생활에 길들여졌습니다.

힘돌이가 궁궐에서 편안히 잘 지내는 동안에 센돌이는 온갖 고생을 하며 살았습니다. 굶주릴 때도 있었고, 적을 만나 싸울 때도 있었습니다.

어느 날, 힘돌이는 궁궐 담을 넘어 자기가 살던 곳으로 가 보았습니다.

마침, 그 곳에서는 동물들이 왕을 뽑고 있었습니다. 어떤 용감한 사자가 왕이 되려고 나왔습니다. 그 사자는 바로 센돌이였습니다.

화려한 모습의 힘돌이도 동물의 왕을 뽑는 데 나가기로 하였습니다.

1 힘돌이와 센돌이는 각각 어떻게 살았나요?

· 힘돌이:

· 센돌이:

2 센돌이의 성격과 힘돌이의 성격은 어떨까요? 상상해서 써 보세요.

힘돌이	센돌이

3 동물의 왕이 되기 위해 센돌이와 힘돌이는 어떤 시합을 해야 할까요? 이유와 함께 써 보세요.

_____

_____

4 동물의 왕은 누가 되었을까요? 왜 그렇게 생각하는지 이유도 함께 써 보세요.

_____ 가 동물의 왕이 되었을 거예요.

왜냐하면 _____

_____

ⓑ

1 ㉠과 ㉡의 설명을 잘 보고, ㉢~㉤까지 만화를 보고 어떤 일이 일어났는지 써 보세요.

㉠ – 두 남자가 요즘 별을 보기가 힘들다고 이야기를 나누고 있어요.

㉡ – 단발머리의 남자가 집으로 가고 있어요.

㉢ – _____

㉣ – _____

㉤ – _____

2 ⓑ에 들어갈 그림을 상상하여 그려 보세요.

03 내가 한 명 더 있었으면

꽃담이는 텔레비전을 보고 있었습니다. 그 때, 아버지께서 꽃담이를 부르셨습니다.

"꽃담아, 신문 좀 갖다 주겠니?"

꽃담이는 텔레비전을 더 보고 싶었습니다.

㉠ '아이, 귀찮아. 내가 한 명 더 있었으면 얼마나 좋을까?'

꽃담이는 눈을 감고 상상하여 보았습니다. 그러자 정말 꽃담이가 한 명 더 생겼습니다. 꽃담이는 새로 생긴 꽃담이에게 말하였습니다.

"네가 아버지께 신문을 갖다 드리고 와. 나는 텔레비전을 더 볼 테야."

"응, 알았어."

새로 생긴 꽃담이가 아버지께 신문을 갖다 드렸습니다.

그 때, 어머니께서 꽃담이를 부르셨습니다.

"꽃담아, 심부름 좀 다녀오렴."

꽃담이는 중얼거렸습니다.

㉡

그러자 꽃담이가 또 한 명 생겼습니다. 꽃담이는 새로 생긴 꽃담이에게 말하였습니다.

"네가 심부름 좀 다녀와. 나는 텔레비전을 더 볼 테야."

"응, 알았어."

새로 생긴 꽃담이는 심부름을 갔습니다. 꽃담이가 텔레비전을 열심히 보고 있는데, 할머니께서 부르셨습니다.

> "꽃담아, 이리 와서 어깨 좀 주물러 다오."
> "아이, 귀찮아. 내가 한 명 더 있었으면 좋겠어."
> 그러자 꽃담이가 또 한 명 생겼습니다. 꽃담이는 새로 생긴 꽃담이에게 말하였습니다.
> "네가 할머니 어깨를 주물러 드리고 와."
> "응, 알았어."
> 새로 생긴 꽃담이는 할머니 어깨를 주물러 드리러 갔습니다. 그래서 꽃담이는 텔레비전을 실컷 볼 수 있었습니다.
> ⓒ 어른들이 꽃담이를 부를 때마다 꽃담이가 새로 생겼습니다. 손을 씻어야 할 때에도, 이를 닦아야 할 때에도 새로운 꽃담이가 자꾸자꾸 생겼습니다.

1 꽃담이는 왜 ㉠과 같이 생각했나요?

_____

2 ㉡에 들어갈 말을 써 보세요.

_____

3 ㉢과 같이 꽃담이가 자꾸자꾸 생긴다면 어떻게 될까요? 어떤 일이 일어나게 될지 상상해서 써 보세요.

꽃담이가 자꾸자꾸 생겨난다면……

_____

※ 만약에 내가 한 명 더 생긴다면 어떻게 하고 싶은지 상상해 보고, 다음 물음에 답하세요.

1 또 다른 나에게 시키고 싶은 일이 있나요? 있다면 어떤 일을 시키고 싶나요?

_____

2 또 다른 내가 생기면 좋은 점과 나쁜 점은 무엇일까요?

• 좋은 점: _____

• 나쁜 점: _____

뛰어넘자 교과서 | 쌍둥이 다섯 손가락

우리는 정다운 손가락 가족. 오른손 왼손 쌍둥이로 태어났지요.

우리 가족이 하는 일을 들어 보실래요?

나는 엄지, 우리 가족 중에서 제일 짧지만 최고를 나타내는 엄지.

나는 집게손가락, 이것저것 요리조리 가리키는 집게.

나는 중지, 가운데 우뚝하고 길쭉 잘 난 중지.

나는 약지, 반짝반짝 반지를 끼는 약지.

나는 애지, 손가락 중 제일 작지만 약속을 꼭 지키는 애지.

우리는 서로 서로 잘 도와 줍니다.

우리 가족이 힘을 합치면 물건을 집을 수도 있어요. 그래서 우리 중에 하나라고 빠지면 너무 힘들어진답니다.

1 다섯 손가락 가족은 어떤 이야기를 하고 있나요?

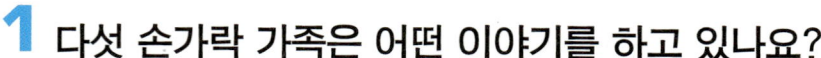

2 우리 가족의 자랑거리를 한 가지만 이야기해 보세요.

내가 환경 지킴이

이 사진을 보고 여러분의 느낌을 이야기해 보세요.

내 눈으로 보는 교과서
환경 오염이 심각해요

Step by Step
01 내가 먼저 환경을 지켜요
02 우리가 있어야 할 곳은?

영재 클리닉 plus
새 물건으로 변신!

환경 오염이 심각해요

1 이 그림은 어떤 모습인지 설명해 보세요.

2 우리 주변에서 일어나고 있는 환경 오염의 예를 찾아 써 보세요.

3 환경 오염이 점점 심각해지면 어떤 일이 생기게 될지 상상해서 이야기해 보세요.

4 다음과 같은 행동을 하면 환경에 어떤 해를 끼치게 되는지 써 보세요.

①

음식을 남기면

②

길거리에 쓰레기를 버리면

③

매연이 나오면

내가 환경 지킴이

01 내가 먼저 환경을 지켜요

1 ①번과 ②번 아이의 모습을 설명해 보세요.

①	②

2 쓰레기를 버린 아이에게 따끔한 충고의 한 마디를 해 주세요.

_____

_____

_____

3 환경을 보호하기 위해 우리가 할 수 있는 일은 무엇이 있을까요? 그림을 보고 써 보세요.

①

- 샴푸를 적당량만 사용합니다.
- _____

②

③

02 우리가 있어야 할 곳은?

1 쓰레기를 종류별로 나누어서 알맞은 쓰레기통에 넣어 보세요.

2 쓰레기 분리수거를 왜 해야 할까요? 그 이유를 생각해서 써 보세요.

영재 plus 새 물건으로 변신!

1 〈보기〉처럼 무엇으로 만든 것인지 써 보세요.

〈보기〉

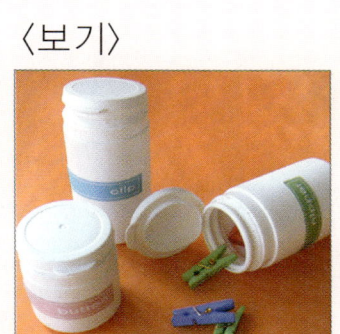

<u>껌 통</u>을 빨래집게 통으로 사용해요.

①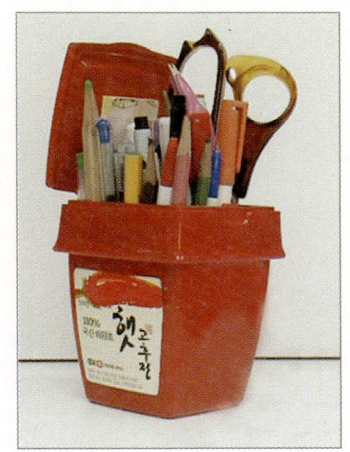

_____을

연필꽂이로 사용해요.

②

_____을

전등갓으로 사용해요.

2 재활용을 하면 좋은 점은 무엇일까요?

재활용을 하면 _____

_____

3 무엇을 재활용해서 만든 것일까요?

〈보기〉

화장지 → 우유팩

① 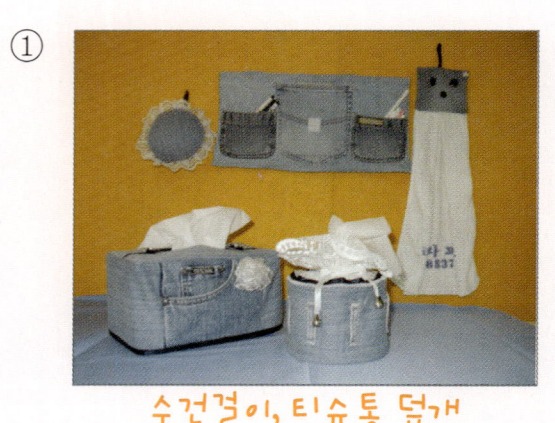 →

수건걸이, 티슈통 덮개

②  →

우산 꽂이

이야기가 재미있어요 02

내 눈으로 보는 교과서
01 나이 자랑
02 엄마의 부탁
03 마을 회의

뛰어넘자 교과서
학생, 휴대폰 교내 사용 금지

01 나이 자랑

"그러면 우리 싸우지 말고 누구 나이가 제일 많은지 따져 보자."
노루가 말하였습니다.
"좋아. 나이가 많은 차례대로 먹자."
토끼가 거들었습니다.
"그래, 좋아."
두꺼비도 말하였습니다.
"나는 하늘과 땅이 처음 생길 때에 태어났어. 너희들, 하늘에 반짝이는 별 알지? 바로 내가 박은 거야."
노루가 으스대며 말하였습니다.
그러자 토끼가 수염을 쓰다듬으면서 말하였습니다.
"그래, 네가 별을 박는 것은 나도 보았어. 너는 긴 사다리를 놓고 별을 박고 있었지. 그런데 그 사다리는 내가 심은 나무로 만든 거야. 그러니까 내가 더 어른이지."
갑자기 두꺼비가 엉엉 울지 시작하였습니다.
"두껍아, 왜 우니? 울지 말고 네 나이를 빨리 말해 봐."

싸우지 마란 말야~

노루가 말하였습니다.
"손자 생각이 나서 그래."
"손자는 왜?"
토끼가 물었습니다.
"토끼야, 네가 나무를 심을 때에 내 손자도 옆에서 나무를 심었잖아? 내 손자는 그 나무로 망치를 만들어 별을 박으려다 그만 떨어져서 죽었지. 너희 이야기를 들으니 갑자기 손자 생각이 나지 않겠니?"
이야기를 듣고 보니, 두꺼비의 나이가 제일 많은 것 같았습니다.
"그럼 내가 먼저 먹을게. 너희는 내가 먹은 다음에 천천히 먹어라. 에헴!"
두꺼비는 큰 기침을 하고 점잖게 음식을 먹기 시작하였습니다. 노루와 토끼는 서로 얼굴만 바라보고 있었습니다.

1 등장 인물은 누구누구인가요?

___

2 노루는 자신의 나이를 어떻게 표현했나요?

___

3 결국 나이가 가장 많은 동물은 누가 되었나요?

___

1 진우네 가족은 무엇에 대해 이야기하고 있나요?

___

2 진우네 가족의 의견이 어떻게 다른지 써 보세요.

	아빠	엄마	진우	소현
가고 싶은 곳				
이유				

02 엄마의 부탁

수연아, 오늘 아침에 엄마는 네가 참 대견스러웠단다. 감기에 걸려 힘들어하면서도 가방을 메고 집을 나서는 모습을 보며 이제는 네가 다 컸다는 생각을 하였단다.

수연아, 2학년이 된 뒤로 부쩍 어른스러워진 네 모습에 엄마는 놀랄 때가 많았단다. 그래서 이제는 잔소리를 할 때는 지났다고 생각했지. 하지만, 오늘은 네게 잔소리를 좀 해야겠다.

요즈음처럼 낮과 밤의 기온차가 심할 때에는 감기에 걸리기 쉽단다. 그런데 너는 뛰어다니기에 불편하다고 옷을 얇게 입고, 집에 돌아와서는 손발을 잘 씻지도 않았지. 그저께 저녁에는 양치질도 하지 않고 잠자리에 들었잖아?

수연아, 건강하게 지내려면 좋은 생활 습관을 가져야 한단다. 날씨에 맞게 옷을 입고, 몸을 깨끗하게 씻는 게 참 중요해. 엄마의 가장 큰 바람은 네가 건강하게 자라는 것이란다.

수연아, 엄마의 말을 잔소리로만 듣지 말고 부탁하는 말로 들어 주렴.

1 수연이가 감기에 걸린 이유는 무엇인가요?

2 엄마의 의견은 무엇인가요?

아빠께

안녕하세요.
아빠가 사랑하는 아들 상욱이에요.
요즘 아빠가 절 위해 얼마나 고생을 하시는지 아빠의 얼굴을 보면 알 수 있을 것 같아요. 그런데 요즘에는 집에서 왜 이렇게 담배를 많이 피시는 거예요. 전에는 집에서는 잘 안 피셨잖아요.
아빠! 회사 일도 힘드실 텐데 담배도 많이 피게 되면 건강이 더 나빠진단 말이에요. 얼마 전에 아빠가 몸살로 아프셨을 때 제가 얼마나 걱정을 많이 했는지 아세요? 그래서 제가 생각해 봤는데, 일 주일에 세 번 정도 아침에 조금 일찍 일어나서 저와 함께 아파트 주변도 산책하고 뒷산 약수터에도 다녀오는 것 어때요?
엄마께도 말씀 드렸더니 좋은 생각을 했다고 칭찬해 주셨어요.
아빠 그럼 다음 주부터 시작해요. 아셨죠?
아! 아빠가 아침마다 운동할 것 생각하니까 너무 좋아요.
그럼 나중에 또 편지 쓸게요.
아빠 사랑해요.

아빠의 아들 상욱이 올림

1 상욱이는 누구에게 편지를 쓰고 있나요?

2 상욱이가 아빠에게 하고 싶은 말은 무엇인가요?

03 마을 회의

성호네 마을에서 회의가 열렸습니다. 길을 넓히는 일 때문이었습니다.

㉠ 마을 사람들의 의견은 크게 두 가지였습니다. 하나는 길을 넓히지 말자는 것이었고, 다른 하나는 길을 넓혀야 한다는 것이었습니다.

먼저, 찬희 할아버지께서 말씀하셨습니다.

"길을 넓히려면 길가의 나무를 많이 베어야겠지. 풀 한 포기, 나무 한 그루의 소중함을 알아야 해!"

그러자 창수 어머니께서 말씀하셨습니다.

"지금은 길이 좁아서 참 불편해요. 큰 차가 들어오지 못해서 물건을 실어 나르는 데 어려움이 많아요."

이 말을 듣고, 소라 삼촌이 말하였습니다.

"맞아요. 지난번에 소라가 아팠을 때, 길이 좁아서 병원에 가는 데 시간이 많이 걸렸어요. 그러니 하루 빨리 길을 넓혀야 해요. 길을 넓힌 다음에 나무를 심으면 되잖아요?"

성호 아버지께서 고개를 설레설레 저으며 말씀하셨습니다.

"차들이 많이 다니게 되면 좋은 점도 있겠죠. 그렇지만 공기가 나빠지고 물도 더러워지지 않을까요?"

마을 사람들은 쉽게 결정을 내리지 못하였습니다.

1 성호네 마을에서는 무엇 때문에 회의를 하고 있나요?

_____

2 ㉠에서 마을 사람들의 의견은 무엇이고, 그렇게 생각한 이유는 무엇인지 써 보세요.

첫 번째 의견 : _____

이유 : _____

_____

두 번째 의견 : _____

이유 : _____

_____

3 여러분은 어떤 의견에 동의하는지 이유와 함께 써 보세요.

저는 _____ 의견에 동의합니다.

왜냐하면 _____

_____

_____

1 이 만화는 무엇에 대해 이야기하고 있나요?

---

2 두 학생의 의견이 어떻게 다른가요?

남자 아이	여자 아이

3 여러분은 두 학생 중 누구의 생각에 동의하나요? 자신의 생각을 친구들과 함께 이야기해 보세요.

뛰어넘자 교과서 | 학생, 휴대폰 교내 사용 금지

앞으로 경남 김해 지역 초·중·고생들은 교내에서 휴대폰을 사용할 수 없게 될 전망이다.

김해교육청은 최근 지역 내 초등 46개교와 중등 23개교 등 모두 69개 학교에 '학생들의 휴대전화 교내 소지 금지' 공문을 전달했다. 교육청 관계자는 "학생들의 과소비를 막고 학습 분위기를 해치는 요인을 줄이기 위해 이같은 공문을 전달했다."고 밝혔다. 이에 따라 각 학교는 자체적으로 운영위원회를 열어 휴대폰 소지 금지 규정을 협의, 시행하게 된다.

– 「소년 조선일보」

1 김해교육청의 의견은 무엇인가요?

2 위와 같은 의견을 낸 이유는 무엇인가요?

3 위의 의견에 대한 나의 의견을 말해 보세요.

영재 클리닉 02

우리 마을 지도를 그려 봐요

지구본과 세계지도의 차이점은 무엇인가요?

내 눈으로 보는 교과서
우리 집에서 학교까지 가는 길에는

Step by Step
01 지도에는 왜 기호가 있을까요?
02 왜 과거의 지도와 현재의 지도가 다를까요?
03 다양한 지도를 알아봐요

영재 클리닉 plus
미란이네 집은 어디예요?

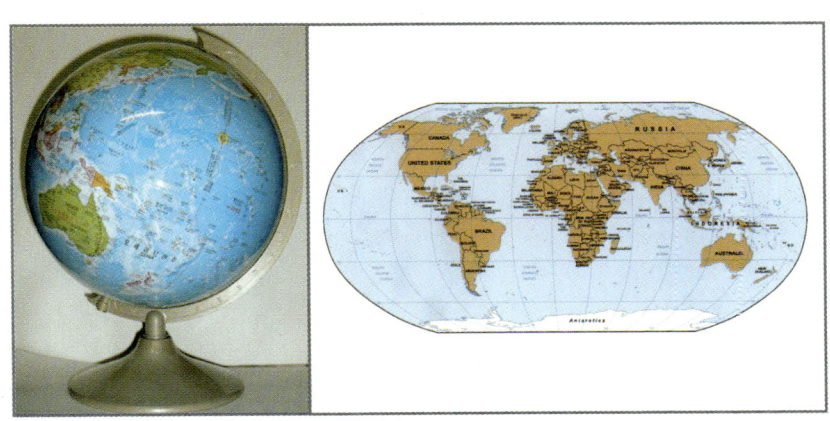

내 눈으로 보는 교과서
우리 집에서 학교까지 가는 길에는

1 우리 집에서 학교까지 갈 때 보이는 것을 모두 써 보세요.

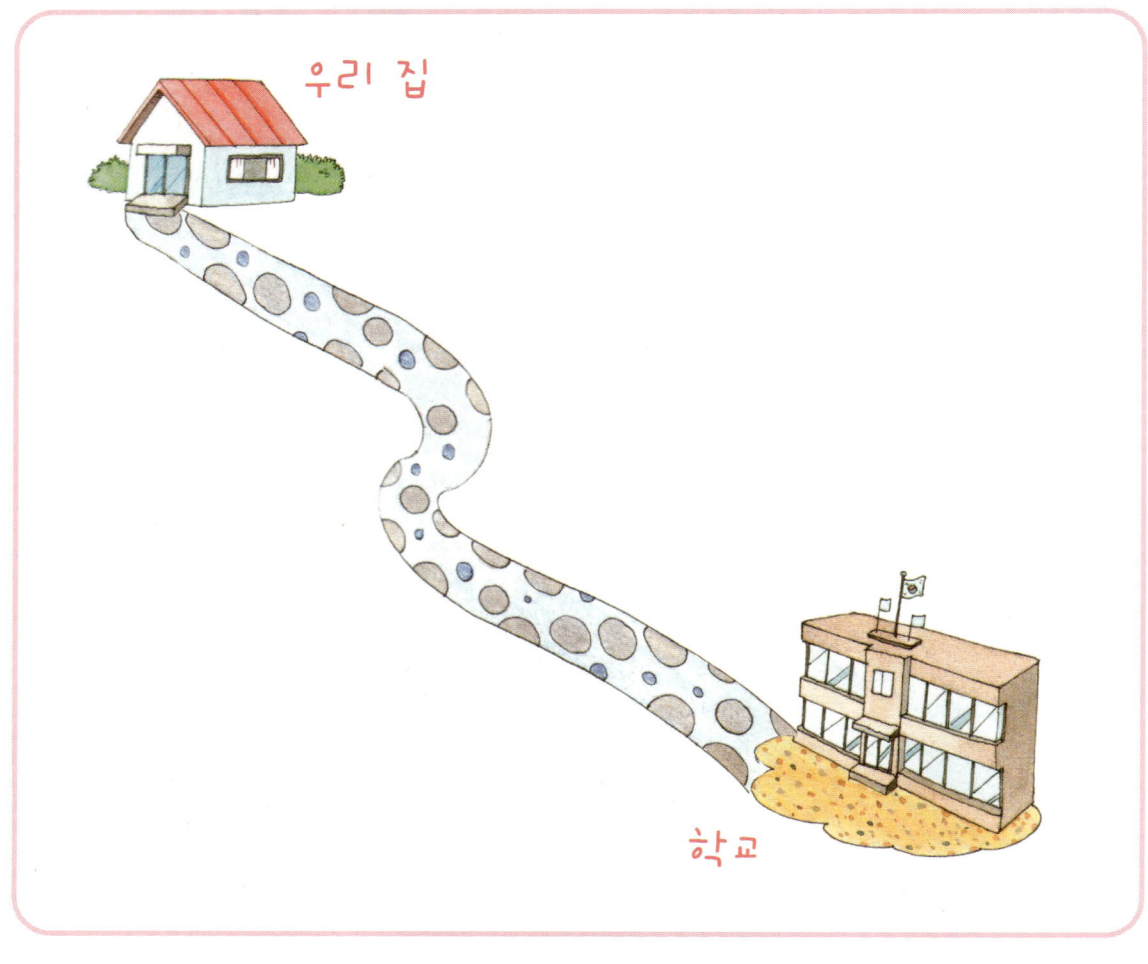

_____

_____

2 다른 친구는 어떻게 적었는지 살펴보고 무엇이 다른지 이야기해 보세요.

Step by Step
우리 마을 지도를 그려 봐요

01 지도에는 왜 기호가 있을까요?

1 지도에서 어떤 기호로 나타나 있는지 찾아서 그려 보세요.

교회	병원/약국	음식점
공원	빌딩	아파트

2 그림 지도에 사용하는 기호는 어떠해야 하나요?

_____

_____

3 다음 기호를 나만의 기호로 바꿔 그려 보세요.

	사용하고 있는 기호	내가 만든 기호
병원	✚	
학교	🚩	
온천	♨	
해수욕장	◎	

02 왜 과거의 지도와 현재의 지도가 다를까요?

①
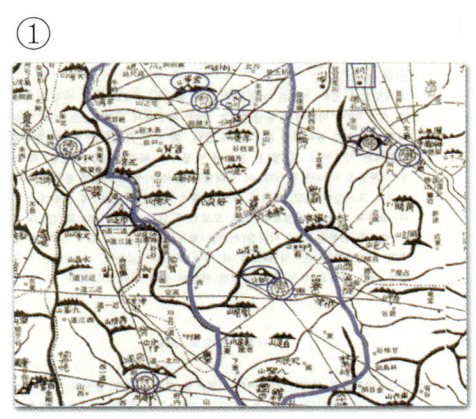

이 지도는 사람이 직접 산과 들판을 걸어다니며 만들었다. 그래서 산의 높이와 강의 길이 등을 자세하게 표현할 수 없어 산과 강이 간단하게 나타나 있다. 또 조사한 사람에 따라서 지도의 모양도 달라진다.

②

이 지도는 인공위성으로 사진을 찍어 컴퓨터로 만들었기 때문에 도시의 모습이 자세하게 나타나 있고, 높이와 길이 등이 정확하게 나타나 있다.

1 위 글에서 현재의 지도가 과거의 지도와 다른 점을 무엇이라고 했나요?

03 다양한 지도를 알아봐요

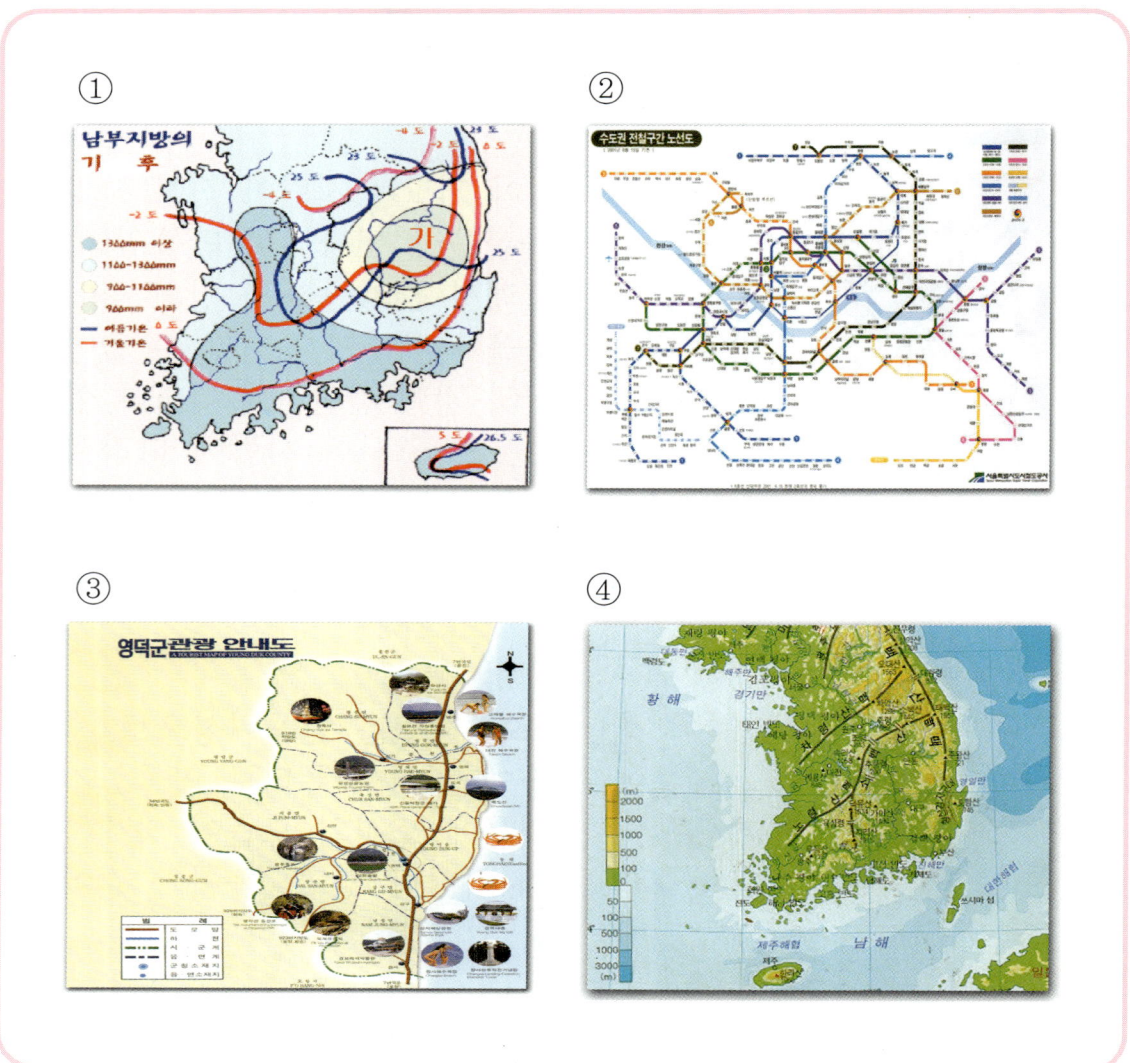

1 ①~④의 지도의 이름을 써 보세요.

①	
②	
③	
④	

2 ①~④의 지도로 무엇을 알 수 있는지 써 보세요.

①
_____

②
_____

③
_____

④
_____

3 여러분이 살고 있는 마을에서 한 곳을 정하여 집에서 그 곳까지 가는 지도를 그려 보세요.

영재plus | 미란이네 집은 어디예요?

미란이네 집 약도

1 미란이네 집을 중심으로 주변 건물을 설명해 보세요.

① 병원은 미란이네 집의 _____ 에 있어요.

② 문방구는 미란이네 집의 _____ 에 있어요.

③ 학교는 미란이네 집의 _____ 에 있어요.

④ 미란이네 집에서 학천 유치원을 가려면 미란이네 집 _____

_____

글이 맛있어요

강아지의 표정을 보고, 꾸며 주는 말을 사용하여 표현해 보세요.

내눈으로 보는 교과서
이야기가 재미있어요

논술에너지를 쌓아라
01 배가 고파요
02 앗! 냄새

신나는 논술
내 말을 잘 들어 봐!

논술plus
강아지의 하루

이야기가 재미있어요

솔방울 때문에

다람쥐가 소나무 밑에서 낮잠을 자고 있었습니다.
이 때, 솔방울 하나가 머리 위에 ㉠ 떨어졌습니다.
"어! 이게 뭐지?"
잠결에 깜짝 놀란 다람쥐는 ㉡ 달아났습니다.
"다람쥐야, 왜 그렇게 급히 뛰어가니?"
양지쪽에서 풀을 뜯던 토끼가 물었습니다.
"하늘에서 무엇이 떨어져서 나를 때렸어."
이 말을 듣고, ㉢ 토끼도 같이 달렸습니다. 사슴도 놀라 함께 달렸습니다.
한참을 달리던 다람쥐가 여우를 만났습니다.
"여우야, 너도 빨리 도망쳐. 하늘이 화가 났어."
여우는 ㉣ 표정을 지었습니다.

1 ㉠~㉣에 알맞은 꾸며 주는 말을 넣어 보세요.

㉠ _____

㉡ _____

㉢ _____

㉣ _____

2 다람쥐의 말을 들은 여우가 어떻게 행동하였을까요?

_____

_____

3 꾸며 주는 말을 넣어 문장을 자세하게 써 보세요.

① 노을을 바라봅니다.

_____ 노을을 하염없이 바라봅니다.

② 나비가 날아갑니다.

_____ 나비가 _____ 날아갑니다.

4 꾸며 주는 말을 사용하여 글을 쓰면 좋은 점은 무엇일까요?

꾸며 주는 말을 사용하여 글을 쓰면요!

• _____

• _____

논술에너지를 쌓아라!
글이 맛있어요

01 배가 고파요

① 보글보글 김치찌개

꼬르륵, 고픈 배를 움켜잡고 학원이 끝나자마자 집에 왔더니 엄마가 저녁 식사 준비를 하고 계셨다. 킁킁킁 냄새를 맡아 보니 맛있는 김치찌개 냄새가 나의 코에 솔솔 스며들었다. 나는 신발을 후다닥 벗어던지고 부엌으로 달려갔다. 냄비에 먹음직스러운 김치찌개가 보글보글 끓고 있었다. 엄마는 어서 손 씻고 오라시면서 송송송 파를 썰고 계셨다. 난 화장실로 슝 달려가 손을 씻고 엄마가 해 주신 아삭아삭한 오이무침과 김치찌개로 저녁밥을 먹었다.

② 김치찌개

고픈 배를 움켜잡고, 학원이 끝나자마자 집에 왔더니 엄마가 저녁 식사 준비를 하고 계셨다. 냄새를 맡아보니 맛있는 김치찌개 냄새가 나의 코에 스며들었다. 나는 신발을 벗어 던지고 부엌으로 달려갔다. 냄비에 먹음직스러운 김치찌개가 끓고 있었다. 엄마는 어서 손 씻고 오라시면서 파를 썰고 계셨다. 난 화장실로 달려가 손을 씻고 엄마가 해 주신 오이무침과 김치찌개로 저녁밥을 먹었다.

정말 맛있나?

1 ①과 ②의 글은 어떻게 다른가요?

2 ①의 글을 읽었을 때와 ②의 글을 읽었을 때의 느낌이 어떻게 다른지 써 보세요.

①	②

3 ①의 글에서 꾸며 주는 말을 모두 찾아 써 보세요.

_____

_____

4 3번에 적은 꾸미는 말 중 두 가지를 택해 〈보기〉와 같이 다른 말로 바꾸어 보세요.

〈보기〉

꼬르륵 → 꾸르륵, 꼬로록

① _____ → _____

② _____ → _____

02 앗! 냄새

1 토끼와 다람쥐는 무슨 시합을 하였나요?

2 토끼가 나비를 알아맞힐 수 있었던 이유는 무엇일까요?

3 ①번부터 ④번까지의 만화가 어떤 내용인지 설명해 보세요.

① _____

② _____

③ _____

④ _____

4 다람쥐가 과연 무엇을 보고 놀란 것인지 ④에 이어질 만화를 그려 보세요.

신나는 논술 | 내 말을 잘 들어 봐!

※ '앗! 냄새' 이야기를 친구에게 해 주려고 해요. 꾸미는 말을 사용하여 써 보세요.

논술 plus | 강아지의 하루

1. 강아지 쮸쮸의 하루 동안 한 일이에요. 사진을 보고, 쮸쮸가 한 일을 알 수 있도록 말상자를 채워 보세요.

2 '쮸쮸의 하루' 라는 제목으로 글을 쓰려고 해요. 여러분이 쓴 말상자의 내용을 참고로 해서 쮸쮸의 하루를 정리해 보세요.

쮸쮸의 하루

GUIDE & 가능한 답변들

※ 들어가기 전에 – 이 책은 다양한 개성적인 반응과 답변을 유도하는 데 목적이 있으므로, 단 하나의 유일한 정답이 없는 문항들도 많습니다. 그러므로 〈정답의 방향〉을 가늠하는 참고 자료로 활용해 주시기 바랍니다.

week 01
발상사고혁명
다른 문화를 인정하라
05 쪽

상대적 사고를 하자

01 생선회를 먹으면 야만인?

1 미개하여 문화 수준이 낮은 상태. 또는 그런 종족을 말한다.
G·U·I·D·E '야만스럽다'는 것은 문화가 발달하지 않고, 본능에 충실한 미개한 삶을 뜻합니다. 문화적 차이는 각기 다른 기후, 지리, 풍토 등의 환경과 역사에 기인한 것입니다. 그렇기 때문에 타 문화권의 전통과 고유 문화에 대해서는 기본적인 예의를 갖추어야 하며 어느 민족이 '우월하거나 열등하다'고 말해서는 안됩니다. 또한 소수민족의 자율과 전통도 존중해야 합니다.

2 팔딱거리는 생선을 즉석에서 회로 먹는 것을 야만스럽다고 생각했었는데, 오늘날에는 생선회를 먹어 보지 못한 사람은 상류층에 속하지 않는다고 생각할 만큼 생선회를 고급 음식으로 생각하게 되었다.

3 모기 눈알 수프, 곰 발바닥 요리, 거위 간 요리 등

02 차도르 착용, 억압일까 문화일까?

1 매우 건조하고 덥다.

2 교리에 따르기 위해 / 사막의 뜨거운 모래 바람과 열기를 막아 주기 때문에.
G·U·I·D·E 내가 진짜 전투를 하던 중에 죽음을 맞이한 장군이라고 생각하고 마지막 한 마디를 생각해 봅니다.

03 똑같은 돼지인데

1 이슬람 문화가 지배적인 중동은 돼지 사육에 적합하지 않은 생태학적 환경을 지닌 지역이기 때문에 돼지고기 식용을 금지했다.
G·U·I·D·E 이슬람 문화권에서 돼지를 불결한 동물로 여기며 돼지고기의 식용을 전면 금지한 이유는 이슬람 문화권의 생태학적 환경 때문입니다. 이슬람 문화가 지배적인 중동은 돼지 사육에 적합하지 않은 생태학적 환경을 지닌 지역이기 때문에 돼지고기 식용을 금지했다는 것입니다. 이것은 이슬람교도들이 돼지고기를 먹지 않는 문화도 지역적 특성과 관련된 현실적인 가치에 따라 생긴 것이라는 것을 뒷받침합니다.

2 뉴기니의 마링족은 사육하는 돼지의 수가 곧 자신의 사회적 지위와 정치적 권위를 나타내는 것으로 생각한다. 그래서 잘 돌보고 식탁에 올리지 않는다.
G·U·I·D·E 마링족에게 돼지는 사회적 지위와 정치적 권위의 상징입니다.

3 카이코 축제는 지나치게 불어난 돼지 수를 줄여서 생태계의 균형을 회복하는

동시에 동맹 세력을 확보하고, 정치적 위신과 권위를 획득하게 된다.
G·U·I·D·E 마링족에게 돼지는 사회적 지위와 정치적 권위의 상징입니다. 그러나 카이코 축제는 지나치게 불어난 돼지 수를 줄여서 생태계의 균형을 회복하는 동시에 사회적·정치적 이익을 위해 실시됩니다. 따라서 마링족의 '카이코' 축제 문화 역시 자신들의 사회를 안정하게 보존하려는 현실적인 가치를 얻기 위한 것이라고 할 수 있습니다.

04 서로를 인정하기

1 문화의 다양성, 사람의 다양성을 인정하고 타인을 이해하고 도우면서 살아가는 것이 우리 사회를 더욱 살기 좋게 만들기 때문이다.
G·U·I·D·E 문화는 인간의 경험과 지혜가 일상생활 속에서 형성되고 축적되어 온 생활 양식입니다. 그런데 대부분의 사람들은 자신에게 친숙한 일상적인 생활 양식이나 관습은 옳고 좋은 것이며, 익숙하지 않은 다른 생활 양식이나 관습은 그르고 나쁜 것이라고 생각하는 경향이 있습니다. 이와 같은 오류를 피하고 모두가 어울려 살기 좋은 사회를 만들기 위해서는 다양성과 상대성을 인정하고 이해하는 태도가 필요합니다.

05 다양성이 필요한 까닭

1 식물 전염병이 돌았는데 감자를 단일종만 경작해서 몽땅 다 병에 걸려버렸기 때문에

2 한 바구니에 모든 계란을 담으면 바구니까 떨어지거나 부딪혔을 때 몽땅 다 깨질 수 있다는 뜻이다.

3 한 가지 품종의 식물만 재배하거나 한 가지의 문화만을 유지할 경우 단일한 문화적 가치 하나마저 소멸되고 만다. 따라서 다양성을 유지해야 한다.

06 문화 상대주의적 태도의 필요성

1 다른 사회의 문화를 그대로 이해하고 존중하는 문화 상대주의적 태도

2 모든 관습에 대해 옳고 그름의 판단을 할 수 없이 똑같이 다루어야 한다는 문제가 생긴다.

week 02
교과서 논술 01
사실 안에서 발견하기
13쪽

내 눈으로 보는 교과서
01 대상의 특성 살려 설명하기

1 우리나라의 전통 옷
G·U·I·D·E '한복'의 정의는 우리나라의 전통 옷입니다.

2 ⑤
G·U·I·D·E 한복은 쭉 뻗은 직선과 부드러운 곡선이 조화를 이룬 우리나라의 전통 옷입니다.

3 ④
G·U·I·D·E ㉠에서는 한복의 유래에 대해 설명하고 있습니다.

4 ③ 활동하기에 편한 옷이다.

5 ④
G·U·I·D·E 특징적인 모습이나, 일화, 업적을 설명하는 것은 인물을 설명할 때 쓰는 방법입니다.

열린교과서

1 올 한 해도 모든 곡식이 잘되기를 바란다는 뜻

2 ④

02 인과관계 알아보기

1 ③
G·U·I·D·E 김영옥 대령은 교육자, 과학자, 예술가, 사업가가 아니라 전쟁고아 500명을 정성껏 돌보아 뒷날 학자, 교육자, 과학자, 예술가, 사업가 등으로 자라나게 해 준 사람입니다.

2 자신의 이름을 내세우지 않고 그저 조용히 할 일을 묵묵히 했기 때문에

3 김영옥 대령의 이름을 붙인 중학교가 생겼다.

03 인물의 성격과 사건 전개의 관계

1 ④
G·U·I·D·E 인물의 성격은 인물의 말이나 행동을 보면 알 수 있습니다.

2 ⑤
G·U·I·D·E 문어 장군과 말다툼하는 내용을 보면 문어 장군이 말을 함부로 한다는 것을 알 수 있습니다.

3 다른 생명을 가볍게 여기는 성격이다.
G·U·I·D·E 자기의 병을 고치기 위해 토끼를 잡아오라고 하는 것을 보면 다른 생명을 가볍게 여긴다는 것을 알 수 있다.

4 토끼를 꼬여서 용궁으로 데려가기 위해

5 잘난 척하기를 좋아한다.

6 목숨을 부지하기 위해 이 눈치 저 눈치 살피기 때문에

week 03 독서 클리닉
청아 네가 정말 효녀니
23쪽

생각하며 읽어요

01 공양미 삼백 석이면 심 봉사 눈을 뜬다는데

1 공양미 삼백 석을 부처님께 바치고 지성으로 불공을 드리면 눈을 뜰 수 있다고 하였다.

2 앞 못 보는 사람에게 앞을 볼 수 있다는 말 만큼 유혹적인 말은 없을 것이다. 내가 심 봉사라도 눈을 뜨게 해 준다는 말을 들으면 어떤 약속이든 했을 것이다.
G·U·I·D·E 시각 장애인으로 오랫동안 살아온 심 봉사의 삶에 대해 생각하고 답을 말해 봅니다.

02 아버지 눈만 뜰 수 있다면

1 ①

2 절대로 안 된다. 이게 무슨 짓이냐? 차라리 내가 죽고 말겠다. / 효도는 제 몸 상해 가면서 하는 것이 아니다. 부모가 가장 속상할 때가 자식이 아프거나 죽을 때인데, 그것을 효도라고 하는 것이냐?

3 부모님이 주신 신체를 상하게 해서는 안되기 때문에.

4 나의 목숨을 버려 가면서까지 부모님께 효도하는 것은 현명하지 못한 행동이다. 내가 건강하고 행복한 것이 부모님의 행복이기도 하기 때문에 살아서 부모님을 기쁘게 해 드리는 것이 진정한 효도라고 생각한다.

03 딸 잃고 눈을 뜨면 누굴 본단 말인가

1 하늘이 무너지고 땅이 꺼지는 기분이었을 것이다. / 내가 대신 죽고 싶은 심정이었을 것이다.

2 아버지, 사람이 죽고 사는 것은 다 하늘의 뜻입니다. 어차피 죽을 목숨 아버지 위해 죽는 것이 소녀에게는 행복이니 너무 슬퍼 마세요.

04 연꽃에서 다시 나온 심청

1 심청의 영혼이 꽃이 되어 떴다고 생각하였다.

2 용왕님께서 보내신 것이라고 생각하였기 때문에

05 심청과 심 봉사의 재회

1 홀로 두고 온 아버지 걱정 때문에

2 맹인들을 초대하는 잔치를 열었다.

3 아직도 눈이 먼 채 계신 아버지를 보니 속상하고 가슴이 아팠을 것이다. / 보고 싶던 아버지를 만나 반가웠을 것이다. 등

4 새로 태어난 기분이었을 것이다. / 아름다운 딸을 보아 행복하고 감격스러웠을 것이다.

week 04
교과서 논술 02
생각에 깊이를 더하라
33쪽

독서 클리닉 plus
심청아, 네 힘으로 살아 보렴!

1 착하다. / 예쁘다. / 신분이 높은 남자와 결혼하면서 모든 문제가 해결되었다.

2 네 몸을 상하게 하는 것은 효도가 아니야. 너를 버리지 않고도 얼마든지 아버님을 기쁘게 해 드릴 수 있는데 왜 하필 죽는 것을 선택했니? 다음에는 네가 할 수 있는 다른 일을 찾아보렴.

내눈으로보는 교과서
01 내 입장 정하기

1 ③
G·U·I·D·E 이 글의 쟁점은 학생들이 휴대 전화를 학교에 가지고 다니는 것입니다.

2 초·중·고등학생들의 휴대 전화 학교 내 사용을 제한하는 조례안 제정

3 ⑤

4 • 학교에 휴대 전화를 가져오면 안 된다.
근거 : 건강에 좋지 않다. / 수업 분위기를 해친다. / 휴대 전화에 신경이 쓰여 공부에 집중을 못한다.
• 학교에 휴대 전화를 가져올 수 있어야 한다.
근거 : 부모님과 연락할 중요한 수단이다. / 위급한 상황에서 도움을 요청할 수 있다.

열린교과서

1 칼로 잘라버렸다.

2 의견 : 알렉산더의 행동은 잘 한 행동이다. / 알렉산더의 행동은 잘못한 것이

다.
근거 : 아무리 풀려고 애를 써도 풀기가 어려운 문제를 새로운 관점으로 풀어낸 지혜로운 행동이기 때문이다. / 예언에는 풀라고 되어 있는데 그 예언대로 하지 않고 매듭을 잘라 버렸기 때문이다.

02 광고의 성격

1 ②
G·U·I·D·E 광고는 설득을 목적으로 하는 글입니다.

2 ①
G·U·I·D·E ㉠에서 글쓴이는 '달려라 운동화'를 신으면 홍길동과 전우치보다 더 빨리 달릴 수 있다는 표현을 통해 이 운동화를 신으면 빨리 달릴 수 있다고 설득하고 있습니다.

3 ④
G·U·I·D·E ㉡은 '달려라 운동화'의 장점이 드러날 수 있는 정보를 제공해 운동화에 대한 신뢰성을 높이는 역할을 하고 있습니다.

4 • 인체 공학적으로 설계되어 발이 편하다.
• 빨리 달릴 수 있다.

열린교과서

1 ②
G·U·I·D·E 이 광고에서는 사람들의 마음을 움직이기 위하여 '사진'을 사용하였습니다.

2 잘 잘리는 칼이다.
G·U·I·D·E 당근을 자르는 데 칼판이 잘리고 칼을 가는 도구가 잘릴 만큼 잘 드는 칼이라는 것을 사진으로 보여 주

고 있습니다.

03 광고의 표현 특성

1 많이 읽자

2 ⑤

3 우리나라에는 책을 많이 읽는 사람이 없습니다.
G·U·I·D·E 책을 많이 읽는 사람을 '책벌레'로 비유하여 책을 읽지 않는 모습을 '책벌레가 없습니다.'라고 표현하였습니다.

4 책은 시간 날 때마다 읽는 것이 아니라 시간을 내서 읽는 것이다.

5 책을 많이 읽자.

열린교과서

1 ①
G·U·I·D·E 이 광고에서 물을 절취선이 있어 끊어서 사용하는 휴지에 비유하여 표현하고 있습니다.

2 물을 끊어 쓰지 않으면 언젠가 끊어지기 때문에

week 05
영재 클리닉 01
조선 시대 왕은 어떻게 살았을까
43쪽

교과서 탐구
조선 시대 사람들의 삶

1 요동 정벌을 위해 군사를 이끌고 북쪽으로 향하던 중 위화도에서 군사를 돌림.

2 ③
　G·U·I·D·E 위화도 회군은 신하들이 반대하여 이루어진 것이 아니라 이성계가 네 가지 이유인 4불가론을 들어 반대한 것입니다.

3 고조선을 계승한다는 의미에서 조선이라고 붙인 것이다.

4 ④
　G·U·I·D·E 조선은 불교가 아닌 유교를 바탕으로 하는 나라이고 한양은 불교 문화의 기반이 닦여 있는 곳이 아닙니다.

5 조선은 유교 국가이다.
　G·U·I·D·E 종묘와 사직단, 사대문과 종루, 경복궁 등을 통해 조선이 유교 국가임을 알 수 있습니다.

6 백성들이 쉽게 익혀 편리하게 사용할 수 있도록 하게 하기 위하여 훈민정음을 창제하였다.
　G·U·I·D·E 훈민정음 서문에 보면 '우리나라 말과 글이 중국과 달라서 백성들이 한자로 서로 통하지 못한다. 이에 백성들이 말하고 싶은 바가 있어도 그 뜻을 펴지 못하는 이가 많다. 내가 이것을 딱하게 여겨 28자를 만들었으니 백성들이 쉽게 익혀 편리하게 사용할 수 있도록 하려고 한다.'고 써 있습니다.

7 새 글자를 만드는 것은 중국에 대한 예으가 아니라고 생각하였기 때문에
　G·U·I·D·E 양반들은 훈민정음을 '언문'이라 부르며 업신여겨 잘 사용하지 않았고, 새 글자를 만드는 것은 중국에 대한 예의가 아니라며 반대하였습니다.

8 부자유친
　G·U·I·D·E '부자유친'이 부모와 자식 사이에 지켜야 할 도리를 가리키는 말로서 어버이와 자식 사이에는 친함이 있어야 한다는 뜻이 있습니다.

9 상례

Step by Step
01 조선 시대, 왕의 하루 일과

1 경연

2 (㉠) ➡ (㉣) ➡ (㉢) ➡ (㉡)

3 오후 4시 ~6시

4 왕은 이른 새벽부터 늦은 밤까지 바쁜 일과를 보냈다.
　G·U·I·D·E 왕이 처리하는 집무는 만 가지나 될 정도로 많다고 하여 '만기(萬機)'라 불렀습니다. 왕의 하루는 아침에는 신료들로부터 정치를 듣고, 낮에는 왕을 찾아오는 방문객들을 만나며, 저녁

에는 조정의 법령을 검토하며 보냅니다. 그리고 밤이 되면 밀린 업무나, 개인 공부를 하거나 자신을 바라보는 여인(왕비를 포함한 후궁 등)들을 달래주는 일까지 해야 했습니다.

2 조복
G·U·I·D·E 왕의 조복은 '강사포'라고 하는데 이 옷은 주로 외교용으로 사용되었습니다. 국가의 경축일이나 조칙을 반포할 때 또는 중국 황제에게 표를 올릴 때 주로 입었습니다.

02 왕의 생활 공간

1 신하들이 인사를 함, 사신을 맞이함, 국가의 공식 행사를 함.

2 사정전

03 왕의 밥상

1 수라

2 음식에 독이 들어 있는지 알아보기 위해 기미 상궁이 먼저 음식 맛을 보았다.

3 12첩 반상
G·U·I·D·E 수라상엔 밥, 국, 장, 김치, 조치, 찜, 전골 같은 기본 음식 외에 12가지 반찬 숙채, 생채, 조림, 전, 적, 자반, 젓갈, 회, 편육, 장과, 별찬이 놓이는데 이것을 12첩 반상이라고 합니다.

04 왕의 옷

1 면복, 조복, 상복
G·U·I·D·E 왕이 입던 복장도 일반인과 구분되는데 왕의 공식적인 복장은 크게 면복, 조복, 상복이 있습니다.

week 06
교과서 논술 03
상상에 날개를 달라
53 쪽

내눈으로보는 교과서
01 이야기 꾸며 쓰기

1 ③
G·U·I·D·E 자전거를 잃어버린 사람은 민우 아버지가 아니라 민우이다.

2 영래가 파출소에 가지 않게 하기 위해서

3 영래에게 '남의 것을 훔치는 것은 나쁜 행동이고, 바늘 도둑이 소 도둑 되는 것이므로 앞으로는 남의 것을 훔치지 말라.'고 타이르고 집으로 보낸 뒤에 민우에게 가끔 영래와 함께 자전거를 타라

고 말했을 것이다.
G·U·I·D·E 원래 글에서 민우 아버지는 이해심이 없고 화를 잘 내는 성격이라 자전거를 훔친 영래를 무조건 파출소에 넣으려고 하는데, 민우 아버지의 성격이 너그러웠다면 영래를 잘 타이르고 영래가 다시는 그런 잘못을 저지르지 않도록 좋은 말을 해 주었을 것입니다.

열린교과서

1 소년의 말을 들은 임금님은 환하게 웃으며 "이 소년에게 큰 상을 내리라"고 명령했습니다. 그리고 소년 앞에 몸을 낮추고 말씀하셨습니다. "꽃을 피운 모든 사람은 정직하지 아니하였다. 그런데 너 하나만 정직하였구나. 사실 내가 보낸 그 꽃씨는 꽃씨가 아니라 꽃씨처럼 생긴 쇳조각이었느니라."
G·U·I·D·E 임금님은 꽃을 예쁘게 가꾼 사람에게 상을 준다고 했지만, 사실은 꽃을 피우지 못한 사람에게 상을 주려고 했습니다. 임금님은 백성들의 마음이 얼마나 정직한가를 알고 싶었기 때문입니다. 그런데 백성들은 상을 받고 싶은 마음에 임금님이 준 꽃씨를 심고 아무리 기다려도 꽃이 피지 않자 다른 꽃씨를 사다 심어 꽃을 피운 것입니다. 즉, 백성들은 임금님의 깊은 뜻을 헤아리지 못한 것이지요.

02 시를 바꿔 쓰기

1 ④
G·U·I·D·E 시 (나)는 시 (가)의 1연과 2연에 낱말을 보태고, 3연의 내용을 생략하는 방법으로 바꾸어 썼습니다.

2 낱말을 보태어 써서 시의 내용을 자세히 알 수 있습니다.

3 아빠
G·U·I·D·E 시 (가)의 주인공은 아빠인데 시 (나)에서 주인공을 아빠에서 엄마로 바꾸어 썼습니다.

4 시장

5 우리 엄마 시장 갔다 오시면
시장이 다 따라와요.
맨 나중에는 돈냈다고 주는
영수증이 따라와요.

열린교과서

1 권이가 달아나면

아파트 놀이터로
달님이 따라오고,

찬이가 달아나면,
아파트 놀이터로
달님이 따라 가고

하늘에 달이야 하나인데
권이는 달님을 데리고
놀이터로 가고,

찬이도 달님을 데리고
놀이터로 가고.

03 시에 대한 느낌과 생각

1 남을 아프게 만드는 것

2 남을 아프게 한 것이 반성 되어서

3 읽는 이에 따라 경험과 상상력이 서로 다르기 때문이다.

4 나는 얼마나 모서리가 많은 사람인지 생각하게 되었다. 모서리가 많으면 다른 사람을 찌를 가능성이 높아지므로 모가 진 마음을 둥글게 만들어야겠다.

열린교과서

1 오빠 오시면 맛보게 하려고 남겨 뒀다.

2 나는 맛있는 게 있으면 나 먹기 바빠서 동생이나 오빠 생각을 못하는데 이 시의 주인공은 오빠를 생각하는 마음이 큰 것 같다.

한다.

3 껍질이 있다. / 마디가 반복된다. / 잎이 붙어 있다.

4 끝눈
G·U·I·D·E 식물 줄기는 끝눈, 곁눈, 마디, 마디 사이, 줄기로 구성되어 있으며 식물 줄기의 끝에 있으며 새로운 줄기와 잎을 만드는 것은 끝눈입니다.

5 잎

6 ⑴ (○) ⑵ (▲)

7 암술

8 씨를 만드는 일을 한다.

9 씨를 멀리 퍼뜨리기 위해서

week 07
영재 클리닉 02
신기한 식물
63 쪽

교과서탐구
식물의 구조와 기능

1 ②

2 식물을 지지해 준다. / 물과 양분을 흡수

Step by Step
01 만지면 오므라드는 식물 미모사

1 처지고 오므라든다.

2 벌레들이 잎을 먹어치우는 것을 막기 위한 방어 행위이다.

02 벌레 잡는 식물

1 특별한 기관이 있어 곤충 등의 작은 동물을 잡아 그것을 소화시켜서 양분의 일부를 얻고 있는 식물

03 풍년과 흉년을 점치는 이팝나무

1 흰 쌀밥을 수북하게 담아 놓은 듯한 모양

2 그해 농사의 풍년과 흉년을 점쳤다.

week 08
논술 클리닉
어린이의 행복할 권리
71 쪽

내 눈으로 보는 교과서
01 학원에 끌려 다니는 아이들

1 운동도 잘 하고 악기를 연주하는 것도 좋아하는데 밤늦게까지 학원에 다니다 보니 하고 싶은 것도 못하고 잠도 부족해 보이고 스트레스도 많이 받는 것 같아서 불쌍하다고 생각하였다.

논술 에너지를 쌓아라
01 지구촌의 목표

1 ②, ③

2 빈곤과 기아퇴치

G·U·I·D·E 새천년 개발 목표는 빈곤 퇴치를 위한 세계적인 약속입니다. 191개 UN회원국이 2015년까지 달성하기로 선언한 빈곤퇴치, 보건 및 교육개선 등의 3가지 목표를 말하는 것입니다.

02 모든 어린이에게 교육 기회를

1 50% 이하인 국가

2 • 높은 나라 : 스위스
 • 낮은 나라 : 아프카니스탄

G·U·I·D·E 1990년 80%의 취학연령 어린이가 초등학교에 입학했고 이 비율은 86%로 높아졌지만 초등학교에 다니지 못하는 취학연령 어린이의 수는 아직도 9천 3백만 명에 이르고 있습니다. 입학률이 높아졌지만 취학연령 인구가 증가했기 때문이지 전체적으로 아직도 초등학교에 다니지 못하는 어린이가 아주 많습니다. 오늘날 인류의 교육 수준은 다른 어느 시대보다 높지만 한켠에는 아직도 교육의 기회조차 가지지 못하는 곳이 있습니다.

03 여자 어린이에게 교육 기회를

1 여자 어린이들이 교육을 제대로 받아야 영양과 건강에 대한 정보를 더 많이 알게 되어 어른이 됐을 때 자녀를 더 건강하게 키울 수 있기 때문이다.

2 초등 교육 수업료를 없앤다. / 교육을 위한 국제 기금을 늘린다.

04 어린이에게 노동 대신 교육을

1 놀고 공부할 권리

2 어린이에게 노동을 시키지 말고 교육을 시키자.

3 어린이들은 교육을 받고 보호를 받아야 하는 대상인데 교육을 받고 보호를 받아야 할 나이에 노동을 하다 보면 그 나이에 배워야 할 교육을 제대로 받을 수 없기 때문이다.

신나는 논술
어린이의 권리는 왜 지켜져야 하는가

어린이들은 육체적으로나 정신적으로 연약하기 때문에 사랑과 관심 그리고 보호 속에서 성장해야 한다. 그리고 육체적으로나 정신적으로 바르게 성장할 수 있는 환경을 보호받아야 한다. 어린이가 바르고 행복한 어른으로 성장하기 위해 마땅히 누려야 할 권리에는 어떤 것이 있을까?

유엔아동권리협약에서는 어린이들이 누려야 할 권리를 다음과 같이 명시하고 있다.

첫째, 적절한 생활수준을 누릴 권리, 안전한 주거지에서 살아갈 권리, 충분한 영양을 섭취하고 기본적인 보건서비스를 받을 권리 등 기본적인 삶을 누리는데 필요한 생존의 권리이다.

둘째, 모든 형태의 학대와 방임, 차별, 폭력, 고문, 징집, 부당한 형사 처벌, 과도한 노동, 약물과 성폭력 등 어린이에게 유해한 것으로부터 보호 받을 권리이다.

셋째, 잠재능력을 최대한 발휘하는데 필요한 권리입니다. 교육받을 권리, 여가를 즐길 권리, 문화생활을 하고 정보를 얻을 권리, 생각과 양심, 종교의 자유를 누릴 발달의 권리이다.

넷째, 자신의 나라와 지역사회 활동에 적극적으로 참가할 수 있는 권리입니다. 자신의 의견을 표현하고, 자신의 삶에 영향을 주는 문제들에 대해 발언권을 지니며, 단체에 가입하거나 평화적인 집회에 참여할 수 있는 참여의 권리이다.

어린이의 생존의 권리와 보호의 권리가 지켜져야 하는 까닭은 어린이는 스스로 자신을 지킬 만큼 강인한 존재가 아니기 때문에 어른들과 국가 그리고 세계가 어린이들의 생명이 위협받지 않도록 지켜 주어야 한다.

그리고 발달의 권리가 지켜져야 하는 까닭은 어린이들은 무한한 성장의 씨앗을 갖고 있는 존재이기 때문에 그 씨앗이 튼튼하게 자라날 수 있도록 많은 기회를 주어야 하기 때문이다.

또한 참여의 권리를 주어야 하는 까닭은 이 세상의 한 일원이기 때문이다.

어린이가 어린이로서 누려야 할 기본 권리를 누리고 살아갈 수 있는 세상이 될 때 미래도 희망이 있다는 것을 우리 모두 기억해야 할 것이다.

week 09
신통방통 서술형논술형
81쪽

활이 조금 수월해진다. 그리고 자라는 토끼의 간을 구해 오지 못한 죄로 바닷속 감옥에 갇히게 되고 용왕은 토끼의 간을 먹지 못해 한동안 시름시름 앓다가 죽었을 것이다.
G·U·I·D·E 토끼는 신중하지 못한 성격 때문에 죽을 고비를 맞이하게 되는데 만약 토끼가 신중한 성격이라면 이야기가 어떻게 전개될지 상상하여 조건에 맞게 씁니다.

국어 술술
05 사실과 발견

1 여자는 짧은 저고리와 넉넉한 치마로 우아한 멋을 풍겼으며 주로 노란색이나 연두색의 저고리에 분홍색이나 다홍색 또는 남색 계통의 치마를 입었다. 그리고 남자는 바지저고리를 기본으로 조끼와 마고자로 멋을 냈으며, 옥색, 분홍색, 보라색 등의 엷은 색의 바지와 저고리, 남색이나 녹색 등의 조끼를 입었다.
G·U·I·D·E 이 글에 나타난 남녀 한복의 차이는 여자와 남자의 한복 구성의 차이와 색깔의 차이입니다.

2 토끼로 하여금 산속을 떠나야겠다는 마음을 갖게 하여 토끼에게 함께 용궁으로 가자고 꼬이기 위하여
G·U·I·D·E 자라는 토끼에게 일부러 산속 생활의 어려움을 말하여 토끼가 산속을 떠나야겠다는 마음을 갖게 한 뒤에 토끼에게 함께 용궁으로 가자고 꼬였습니다.

3 자신의 생활을 너무나 잘 알고 있는 자라가 의심스러워 용궁으로 가자는 자라의 청을 거절하고 산속 친구들에게 자라를 만난 이야기를 하며 친해져 산속 생

06 타당한 근거

1 주장 : 초등학생에게 만화책은 유익하다.
근거 : 만화는 우리가 이해하기 힘든 내용을 알기 쉽게 정리하여 전달해 주기 때문이다.
G·U·I·D·E 이 글은 '초등학생에게 만화책은 유익하다.' 라는 주장과 근거가 잘 나타나 있는 글입니다. 이 글이 설득력을 갖는 것은 근거가 타당하기 때문입니다.

2 주장 : 초등학생에게 만화책은 유익하다. / 초등학생에게 만화책은 유익하지 않다.
근거 : 만화책은 지루하고 어려워서 읽기 싫은 책도 그림과 쉬운 글로 구성되어 있어 관심을 갖고 보게 되기 때문이다. / 그림이 있는 만화책에 익숙해지다 보면 글만 있는 책은 어렵게 느껴져서 계속 읽지 않게 되기 때문이다.

3 책을 읽지 않음을 보여 주는 통계 수치를 제시함으로써 광고하는 내용이 신뢰성을 갖는다.
G·U·I·D·E 정확한 수치를 제시함으

로써 광고에 신뢰성을 더합니다.

07 상상의 날개

1 영래가 자전거를 훔쳐서 타고 가는 광경

2 색이 파란색에서 노란색으로 바뀐 자전거 짐칸에는 신문이 잔뜩 실려 있었다.

3 민우가 아버지를 말리며 자기가 자전거를 영래에게 주었다고 거짓말을 하였다.
   G·U·I·D·E 민우는 아버지께서 영래를 파출소로 넘기려 하자 아버지를 말리며 자기가 자전거를 영래에게 주었다고 거짓말을 하였습니다.

4 시 (가)는 주인공이 아빠로 되어 있는데 시 (나)는 엄마로 되어 있고 시 (가)는 간 곳이 시골로 되어 있는데 시 (나)는 시장으로 되어 있다.

5 우리 아빠 회사 갔다 오시면
   피곤이 다 따라와요.

   이건 부장님의 잔소리
   이건 과도한 업무
   이건 지하철의 부대낌

6 자신의 모난 부분 때문에 상처를 받은 많은 사람들을 모른 척하고 지나쳤던 자신의 잘못을 깨달았다.

사회 술술
03 유교 전통이 자리 잡은 조선

1 두 임금을 섬길 수 없다는 고려의 왕에 대한 충성심이 담겨 있다.
   G·U·I·D·E 이방원은 고려를 버리고 이성계의 편이 되어 잘 살자는 뜻이 담긴 '하여가'라는 시조를 지었고, 정몽주는 고려의 왕에게 끝까지 충성하겠다는 뜻이 담긴 '단심가'를 지어 불렀습니다. 이방원은 정몽주를 자신의 편으로 만드는 데 실패하자 부하를 시켜 선죽교에서 정몽주를 죽였습니다.

2 한자는 익히기가 어려워 일반 백성이 하고 싶은 말이 있어도 하지 못하는 일이 많기 때문에 백성이 하고 싶은 말을 할 수 있도록 하기 위해서 한글을 만들었다.

3 • 조선의 최고 법전으로서 백성을 다스리는데 기준이 된다.
   • 사회 질서를 유지하는 데 중요한 역할을 한다.

4 어버이와 자식 사이에 마땅히 지켜야 할 도리라고 생각되었기 때문에
   G·U·I·D·E 조선 시대에는 돌아가신 조상님을 극진히 받는 것이 최고의 효도라고 생각했습니다. 삼강 중 '부위자강'은 어버이와 자식 사이에 마땅히 지켜야 할 도리가 있다고 가르치고 있는데 돌아가신 후에 받드는 것도 어버이와 자식 사이에 마땅히 지켜야 할 도리라고 여겼던 것이다.

5 신분은 부모로부터 물려받아 태어나면서부터 정해져 있었고 같은 신분끼리 마을을 이루며 살았으며 신분에 따라 생활 모습도 달랐다.
   G·U·I·D·E 조선 시대의 신분은 양반, 중인, 상민, 천민으로 구성되어 있는데 조선 시대의 신분은 부모로부터 물려받아 태어나면서부터 정해져 있고, 신분에 따라 사는 곳과 생활 모습이 달랐습니다.

6 • 신분에 따라 여가 생활이 달랐다.
　• 성별에 따라 여가 생활이 달랐다.
G·U·I·D·E 조선 시대에는 신분이나 남녀에 따라 여가 생활이 달랐습니다.

과학 술술
03 식물의 구조와 기능

1 위쪽이 조금 통통하고 아래쪽으로 갈수록 가늘다. 그리고 전체적으로 주황색인데 잎과 연결된 부분은 약간 녹색을 띤다.
G·U·I·D·E 당근 뿌리의 겉모습은 위쪽이 조금 통통하고 아래쪽으로 가늘며 전체적으로 주황색이지만 잎과 연결된 부분은 녹색을 띱니다. 그리고 바로 뽑았을 때에 보면 겉에 흰색의 잔뿌리가 있습니다.

2 영양분을 저장하는 기능이 있기 때문이다.

3 식물의 줄기는 뿌리와 잎을 연결해 주고, 식물을 지탱하며, 껍질이 있어 식물을 보호해 준다.

4 식물에 있는 물이 이동하는 통로이다.
G·U·I·D·E 물관은 물이 이동하는 통로이며, 뿌리, 줄기, 잎까지 연결되어 있어서 뿌리털에서 흡수된 물이 뿌리의 물관을 타고 줄기로 이동합니다. 물은 물관이 연결되어 있는 곳까지 올라가고 물관이 끊기면 더 이상 올라가지 않습니다.

5 잎몸을 줄기에 연결해 주는 역할을 한다.
G·U·I·D·E 잎은 대부분 잎몸이 잎자루에 연결되어 줄기에 붙어 있으며, 잎몸에는 잎맥이 있어 잎의 형태를 유지해 줍니다.

6 식물의 잎에 있는 기공을 통해 수증기가 빠져나간다.
G·U·I·D·E 식물의 잎에서 물이 수증기가 되어 빠져나가는 현상을 증산 작용이라고 하는데 뿌리에서 흡수된 물은 줄기의 물관을 통해 잎가지 이동하여 식물의 각 부분에서 이용되고, 일부분은 잎의 기공을 통해 빠져나갑니다.

7 열매는 씨와 씨를 보호하고 있는 껍질 부분을 합한 것이다.

8 식물은 씨를 멀리 퍼뜨리기 위해서 열매를 만든다.

※ 들어가기 전에 – 이 책은 다양한 개성적인 반응과 답변을 유도하는 데 목적이 있으므로, 단 하나의 유일한 정답이 없는 문항들도 많습니다. 그러므로 〈정답의 방향〉을 가늠하는 참고 자료로 활용해 주시기 바랍니다.

week 01
발상사고혁명
거짓말! 딱 걸렸어!
05 쪽

상대적 사고를 하자
01 거짓말을 하면 불안해요

G·U·I·D·E 엄마에게 거짓말을 하는 효민이의 행동을 보고, 효민이의 잘못은 무엇인지 생각하여 이야기해 봅니다.

1 컴퓨터 게임을 하다 학원에 못 가게 된 효민이가 엄마에게 학원에 갔다 왔다고 거짓말을 하고 있어요.

2 거짓말한 것을 엄마에게 들킬까 봐 불안할 것 같아요. 등

3 · 양치기 소년 : 사람들에게 늑대가 나타났다고 거짓말을 했어요.
 · 늑대 : 할머니로 위장을 해서 소녀를 잡아먹으려고 했어요.
 · 피노키오 : 인형극을 보러 간 것이 아니라 학교에 갔다고 거짓말을 했어요.

4 거짓말 왕은 늑대가 가(이) 되어야 해요. 왜냐 하면, 소녀의 할머니에게 소녀라고 거짓말해서 잡아먹고, 아픈 할머니의 병문안을 간 소녀에게까지 할머니라고 속여서 잡아먹으려고 하잖아요. 등

02 거짓말이 거짓말을 낳아요

1 첫째, 친구들과 놀이터에서 놀려고 학원 선생님께 학교 환경미화 때문에 학원에 못 간다고 거짓말을 했어요.
둘째, 놀이터에서 놀다가 다친 다리를 환경미화 때문에 다친 거라고 거짓말을 했어요.

2 화나요. / 짜증나요. / 슬퍼요. 등

3 선생님께 숙제를 깜빡 잊고 못했다고 사실대로 이야기하지 않고 아파서 숙제를 못했다고 거짓말을 했어요.

4 화가 나실 것 같아요. 등

5 선생님께 사실대로 이야기하고 반성하면 혼나지 않을 것 같아요.

6 사람들이 서로를 믿지 못할 테니까 미워하며 살 것 같아요. 등

03 알면서도 모르는 척 속아 주자

G·U·I·D·E 주변에서 상대방의 기분을 좋게 만드는 거짓말을 찾아보고, 때로는 거짓말도 필요할 때가 있다는 것을 알 수 있습니다.

1 과자를 안 살 것 같아요. 왜냐 하면 아저씨가 맛 없다고 한 과자를 샀다가 정말로 맛이 없으면 돈이 아깝잖아요. 등

2 과자를 바로 사 먹었을 것 같아요. 원래 내가 먹어 보지 못한 과자를 맛보고 싶지만 혹시 샀다가 맛이 없을까 봐 고민하게 되거든요. 그런데 아저씨가 맛있다고 하면 망설임없이 그냥 살 것 같아요.

3 시장에서 물건의 값을 깎으려고 하면 "아휴! 이렇게 팔면 남는 것도 없어요."라고 말하며 많이 주는 아주머니의 말. 등

4 ① : 맛은 없지만 엄마의 사랑과 정성을 생각해서 맛있다고 말하며 먹고 있어요.
② : 음식이 맛이 없다고 솔직하게 이야기하고 있어요.

5 ① : 엄마의 기분이 좋아요.
왜냐 하면 맛없는 음식을 맛있게 먹는 민철이가 예쁘고 기특한 생각이 드실 것 같아요. 그래서 다음에는 민철이가 좋아하는 맛있는 요리를 만들어 주시기 위한 요리법을 찾으실 거예요.
② : 엄마의 기분이 나빠요.
왜냐 하면 열심히 노력해서 만들었는데 민철이가 엄마의 마음을 몰라 주고 맛없다고 하니까 섭섭하셨을 것 같아요.

6 네가 세상에서 제일 멋져! / 우아! 넌 정말 치타처럼 달리기를 잘 하는구나! 등

7 때로는 거짓말이 상대방에서 용기와 힘을 줄 때가 있지요. 그런데 그런 거짓말까지 하지 않는다면 사람들이 잠시 동안 기분 좋아지는 경우도 없어지고 힘들 것 같아요.

발상 PLUS
쿠키 도둑을 찾아라.

G·U·I·D·E 쿠키 도둑이 어떻게 생겼는지 제시된 글을 읽고 찾아 봅니다.

1 ③번의 사람이 쿠키 도둑이에요. 왜냐하면 파란색 옷을 입고, 안경을 썼으며, 얼굴이 길쭉하고, 몸이 마른 편이잖아요.

week 02
교과서 논술 01
자세히 살펴보아요
15 쪽

내 눈으로 보는 교과서
01 길을 찾아요

G·U·I·D·E 지도를 보고 위치 설명을 상대방이 이해할 수 있도록 이야기해 봅니다.

1 과일가게 앞

2 과일가게에서 서점을 지나 빵 가게에서 왼쪽으로 돌면 약국이 나와요. 약국 앞 횡단보도를 지나면 우체국이 있어요.

3 우체국 앞 횡단 보도를 건너 약국을 지나 빵집 앞에 횡단 보도를 건너면 치과가 있어요.

4 · 알기 쉬운 낱말을 사용하여 이야기합니다.
· 천천히 자세하게 이야기합니다. 등

열린교과서

1 극장, 세탁소, 미용실, 분식집, 중도 중학교, 약국, 애견센타, 문구점, 마트, 병원, 서점

2 쭉 내려오다 보면 사거리가 있는데 사

거리에서 왼쪽으로 가면 애견센타가 있어요. 애견센타 앞에서 길을 건너면 바로 동아 분식점이 있는데 동아 분식집에서 까꼬뽀꼬 미용실 있는 세탁소를 지나면 바로 극장이 있어요.

02 우리 나라의 명절

1 설날, 단오, 추석

2 · 음력 8월 15일
· 송편
· 강강술래

3 · 차례를 지내고 웃어른께 세배를 합니다.
· 떡국도 끓여 먹고 식혜도 만들어 먹습니다.
· 가족이나 친척들이 모여 윷놀이나 연 날리기를 하기도 합니다.

4 음력 5월 5일은 단오입니다. 이 날에는 그 해의 풍년을 기원하는 여러 가지 행사를 합니다. 단오에는 모두 고된 일을 쉬면서 하루를 즐겁게 놉니다. 남자들은 씨름을 하고, 여자들은 그네뛰기를 합니다. 또, 여자들은 창포물에 머리를 감기도 합니다. 창포를 삶은 물에 머리를 감으면 머릿결이 좋아진다고 믿기 때문입니다.

열린교과서

1 2,500여 년 전 '켈트 족'의 한 지파인 '골르와 족'은 10월 31일이 한 해의 끝이고 11월 1일부터 새해가 시작된다고 믿었는데, 이 때 들판에서 키우던 가축들을 외양간으로 불러들이고 목축에 도움을 준 태양에 감사 드리는 제사를 지내는 것에서 유래되었다.

2 꼬마 귀신으로 분장한 후 문을 열고 들어와서 '트릭 오어 트릿(Trick or Treat)' 하고 외치면서 자루를 내밀며 돌아 다녔다.

03 재미있는 풀 이름

G·U·I·D·E 주어진 글을 읽고, 중심 내용이 무엇인지 알아봅니다.

1 줄기를 자르면 노란즙이 나오는데 이것이 아기의 똥 같기 때문입니다.

2 · 9월
· 이삭이 강아지 꼬리를 닮았어요.
· 녹색 또는 자주색의 작은 꽃이 핍니다. 강아지풀은 소가 좋아하는 먹이입니다. 그리고 강아지풀 이삭은 새의 모이가 되기도 합니다.

3 자유롭게 그려 봅니다.

열린교과서

1 꽃의 모양이 별처럼 생겼기 때문에

2 흰색

3 별꽃의 분포 지역, 별꽃의 꽃자루와 꽃받침, 열매의 모양 등

week 03
독서 클리닉
지혜의 왕 솔로몬
25 쪽

마음으로 읽어요
01 삶은 달걀 한 개

1 G·U·I·D·E 말 상자를 채워봅니다.

2 · 받는 사람 : 삶은 달걀을 빌려 간 농부
 · 보내는 사람 : 삶은 달걀을 빌려 준 사람
 · 청구 내용 : 빌려간 달걀은 부화되어 병아리가 되고 병아리는 자라서 암탉이 됩니다. 그 다음 해에는 암탉이 병아리 열여덟 마리를 낳고, 그 다음 해에는 병아리가 자라서 각각 또 열여덟 마리 병아리를 낳고……. 계속 낳고 자랄 것이니 그것에 맞는 값

3 삶은 콩을 가져가서 삶은 달걀의 값을 갚겠다고 하세요. 이 콩을 심으면 콩이 수백 개, 아니 수천 개가 열릴 것이고, 그 콩이 다음 해에 또 수백 개, 수천 개가 될 터이니 당신이 빌려 준 달걀값으로 충분하다고 하면 그 사람이 아무 말 못할 거예요.

4 삶은 달걀을 주면서 곧 이 달걀이 부화되어 병아리가 되고 병아리는 자라서 암탉이 될 거라고 하면서 삶은 달걀로 갚아요. 등

02 생화와 조화

1 하나는 진짜 꽃이고, 또 다른 하나는 만든 꽃이에요.

2 가짜 꽃을 찾아 낼 수 있는지 시험을 해서 솔로몬 왕이 정말 지혜로운 왕인지 알아보려고요.

3 꽃에는 꿀이 있어 벌들이 모여야 정말 꽃이 아니겠느냐.

4 꽃의 향기를 맡아 보면 가짜 꽃을 찾을 수 있어요. 등

03 내가 진짜 엄마라니까요!

G·U·I·D·E 솔로몬 왕이 되어 그 때의 상황을 이해하고, 아기의 진짜 엄마를 찾기 위한 다른 방법은 없는지 생각해 봅니다.

1 ②, ⑤

2

㉠	㉡
아기가 어떻게 되든지 상관없다고 생각해요.	아기가 죽을까 봐 걱정을 하며 이야기하고 있어요.

3 아기의 진짜 엄마라면 당연히 아기가 다칠까 봐 걱정이 돼서 아기를 반으로 나누지 말라고 할 테니까요.

4 아기의 잠버릇에 대해 물어보는 거예요. 아기의 엄마는 아기와 항상 함께 있으니까 아기의 잠버릇을 잘 알고 있을 테니까요. 등

5 안녕하세요. 저는 학천이라고 해요. 어려운 문제를 슬기롭게 헤쳐나가는 솔로몬 왕을 보면서 저도 책도 많이 읽고 공

부도 열심히 해서 어른이 되면 어려운 사람들을 도와 줄 거예요.
솔로몬 대왕님! 제가 박수를 쳐 드릴게요.

독서 클리닉 Plus
솔로몬 부탁해요

1 엄마 생신 선물로 무엇이 좋을지 물어보고 싶어요. 등

비둘기가 개미에게 나뭇잎을 떨어뜨려 주었습니다.
'비둘기 아저씨, 고맙습니다."
개미가 인사를 하였습니다. 다음 날이었습니다. 비둘기가 나뭇가지 위에 앉았습니다. 이것을 본 사냥꾼이 비둘기에게 몰래 총을 겨누었습니다.
'비둘기 아저씨가 위험하다.'
개미가 사냥꾼의 발을 물었습니다.
"앗, 따가워."
사냥꾼이 소리를 질렀습니다. 이 소리를 들은 비둘기는 깜짝 놀라 날아갔습니다.
"개미야, 고맙다. 너 아니었으면 큰일날 뻔했구나."
비둘기도 개미에게 인사를 하였습니다.

1 개미, 비둘기, 사냥꾼

2 ① 비둘기
② 개미

week 04
교과서 논술 02
이야기가 재미있어요 01
35 쪽

내 눈으로 보는 교과서
01 개미와 비둘기

G·U·I·D·E 개미와 비둘기
개미가 물에 빠졌습니다.
"살려 주세요. 살려 주세요." 개미가 소리쳤습니다. 비둘기가 이 소리를 들었습니다.
"개미가 큰일났구나."

열린교과서

G·U·I·D·E 사진 속의 상황을 상상하여 봅니다.

1 아기, 강아지 세 마리, 어른

2 아기가 뒤로 넘어지려고 하자 강아지 두 마리가 아기가 넘어지지 않도록 뒤에서 받치고 있어요. 한 마리는 자기는 어떻게 해야 하는지 망설이면서 있는 것 같아요.

02 내가 왕이 될 거야

G·U·I·D·E 이야기의 뒷이야기를 상상할 때 주의해야 할 점에 대해 생각하며 글을 써 봅니다.

1 · 힘돌이 : 궁궐에서 편안한 생활을 하며 살았어요.
 · 센돌이 : 초원에서 굶주릴 때도 있었고, 적을 만나 싸우는 등 온갖 고생을 하며 살았어요.

2

힘돌이	센돌이
편안하게 살았기 때문에 힘이 약한 사자가 되었을 것 같아요.	힘도 세고, 초원에서 살아남아야 하기 때문에 사나운 맹수가 되었을 것 같아요.

3 장애물 넘기 시합을 해요. 왜냐 하면 초원에서는 어디서 물건이 튀어나올지 모르잖아요. 순발력을 테스트하는 거죠. 등

4 센돌이가 동물의 왕이 되었을 거예요. 왜냐 하면 센돌이는 초원에서 지내면서 먹을 것도 스스로 구하고, 많은 위험을 겪었을 테니까 힘돌이보다 용감할 거예요.

열린교과서

1 ㉢ : 단발머리 남자가 소파에 앉아 있는데 천장에서 '뽀득' 하는 소리가 나고 있어요.
 ㉣ : 천장에서 구멍이 뚫리더니 별이 떨어지고 있어요.
 ㉤ : 천장에서 별이 계속 떨어지고 단발머리 남자가 별 속에 파묻혔어요.

2 자유롭게 상상하여 그려 봅니다.

03 내가 한 명 더 있었으면

1 텔레비전을 더 보고 싶은데 아버지가 부르시니까요.

2 아이, 귀찮아. 내가 한 명 더 있었으면 좋겠어.

3 할아버지와 부모님이 꽃담이를 알아보지 못할 것 같아요. / 집이 좁을 것 같아요. 등

열린교과서

G·U·I·D·E 또 다른 나에게 꽃담이처럼 귀찮은 심부름만을 시키는 것이 아니라 가족을 위한 일을 시킬 것은 없는지 생각해 봅니다.

1 나 대신 학원에 가 주겠니? / 체육시간에 달리기를 하도록 해. 등

2 · 좋은 점 : 내가 하기 싫은 일을 대신 시킬 수 있어요.
 · 나쁜 점 : 내가 많이 생기면 엄마가 진짜 저를 못 찾으실 것 같아요.

뛰어넘자 교과서
쌍둥이 다섯 손가락

G·U·I·D·E 손가락 다섯 개 중에서도 한 손가락만 없어도 손으로의 역할을 제대로 못합니다. 속담에 "열 손가락 깨물어 안 아픈 손가락 없다."라는 말이 있지요? 부모님이 자식을 생각하는 애틋한 마음과 또 자식이 부모님께 해야 할 도리에 대해서 생각해 봅니다.

1 각자의 역할에 대해 이야기하면서 다섯 손가락 모두 힘을 합치면 더 많은 일을 할 수 있다고 이야기하고 있어요.

2 G·U·I·D·E 우리 가족의 자랑거리를 이야기해 봅니다.

week 05
영재 클리닉 01
내가 환경 지킴이
45 쪽

내 눈으로 보는 교과서
환경 오염이 심각해요

G·U·I·D·E 주변에서 환경오염의 현장을 찾아보고, 환경 오염의 심각성에 대해 생각해 봅니다.

1 냇물에 캔, 병, 생선 등 쓰레기가 떠 다니고 있어요. / 공장의 굴뚝에서는 매연이 뿜어져 나오고 있어요.

2 자동차의 매연, 길거리의 광고판 등

3 · 공기가 더러워져 숨을 쉴 수 없어요.
 · 깨끗한 물을 마실 수 없어요.

4 ① 음식물 쓰레기가 생기게 되어서 심한 악취가 납니다.
 ② 길거리가 더러워져요.
 ③ · 공기가 나빠져요.
  · 주변의 꽃과 나무들이 까맣게 되요.

Step By Step
01 내가 먼저 환경을 지켜요

G·U·I·D·E 환경을 깨끗하게 지키기 위해 내가 할 수 있는 일은 없는지 생각해 보고 실천해 봅니다.

1

①	②
아이스크림을 먹고 길거리에 쓰레기를 버리고 있어요.	길거리에 버려진 쓰레기를 줍고 있어요.

2 쓰레기를 길거리에 버리면 어떡하니? 네가 버린 쓰레기가 하나 둘씩 길에 쌓인다고 생각해 봐. 또 너 같은 아이가 한 명 더 있다고 생각해 봐. 길이 얼마나 지저분해지겠니? 어서 쓰레기를 주워서 쓰레기통에 담아.

3 ① 물을 아껴 씁니다.
 ② · 나무를 많이 심습니다.
  · 가지나 나뭇잎을 함부로 꺾지 않습니다.
 ③ 가까운 거리는 걸어 다닙니다.

02 우리가 있어야 할 곳은?

G·U·I·D·E 쓰레기를 줄이는 방법에 대해 생각해 보고, 올바른 쓰레기 분리법에 대해 알아봅니다.

1 해당하는 쓰레기통에 물건이 들어갈 수 있도록 줄을 그어 봅니다.

2 쓰레기를 분리수거해서 버려야 재활용해서 다시 쓸 수 있기 때문입니다.

영재 클리닉 plus
새 물건으로 변신!

G·U·I·D·E 물건의 소중함에 대해 생각해 보고, 쉽게 버리지 않고 재활용하는 방법은 없는지 생각해 봅니다.

1 ① 고추장 통
   ② 술병

2 자원이 절약되요. / 물건을 아껴 쓸 수 있어요. / 환경을 보호할 수 있어요. 등

3 ① 청바지
   ② 음료수 깡통

열린교과서

1 주말에 무엇을 하며 보낼 것인지 이야기하고 있어요.

2

	아빠	엄마
가고 싶은 곳	낚시터	집
이유	좋은 경치도 보고 맛있는 매운탕도 끓여 먹을 수 있으니까.	집에서 맛있는 요리도 해 먹고 쉬면 좋으니까.

	진우	소현
가고 싶은 곳	놀이 동산	놀이 동산
이유	놀이 기구를 탈 수 있으니까.	놀이 기구도 타고 동물원도 있으니까.

week 06
교과서 논술 03
이야기가 재미있어요 02
53쪽

02 엄마의 부탁

1 옷을 얇게 입고 다니고, 집에 돌아와서 손발을 잘 씻지도 않았으며 저녁에는 양치질도 하지 않고 잠자리에 들었기 때문에 감기에 걸렸다.

2 건강하게 지내려면 좋은 생활 습관을 가져야 한다.

열린교과서

1 아빠께

2 아빠가 건강을 챙기셨으면 좋겠어요.

내 눈으로 보는 교과서
01 나이 자랑

G·U·I·D·E 글을 읽고 등장 인물들이 어떤 말과 행동을 했는지 알아보는 문제입니다. 중심 내용을 찾아 밑줄을 긋고, 확인하며 읽어 봅니다.

1 노루, 토끼, 두꺼비

2 하늘과 땅이 처음 생길 때에 태어났는데 그 때 별을 내가 박았다.

3 두꺼비

03 마을 회의

1 길을 넓히는 일 때문에

2 첫 번째 의견 : 길을 넓히지 말아야 한다.
이유 : 길을 넓히려면 길가의 나무를 베어야 하고, 길을 넓혀 차가 많이 다니면 공기도 나빠진다.
두 번째 의견 : 길을 넓혀야 한다.
이유 : 길을 넓히면 큰 차로 물건을 실어 나를 수 있고 위급한 일이 생겼을 때도 편리하다.

3 저는 길을 넓히는 의견에 동의합니다. 왜냐 하면 길을 넓히면 차가 쉽게 다닐 수 있어서 물건을 쉽게 살 수 있고, 먼 곳에 갈 때에도 좀 더 빠르고 편하게 갈 수 있기 때문입니다. 등

열린교과서

G·U·I·D·E 자신의 의견을 주장할 때에는 이유와 근거를 적절하게 사용하여 이야기합니다.

1 통신언어를 사용해야 하는지 말아야 하는지 이야기하고 있어요.

2 • 남자 아이 : 한글을 오염시키는 통신언어의 사용을 반대합니다. 맞춤법과 어법을 무시한 언어도 많고, 무슨 뜻인지 모르는 말도 많습니다. 건전한 국어 생활에 지장을 줍니다.
• 여자 아이 : 언어는 시대와 환경에 따라 변하는 것이고 컴퓨터 자판을 통해 자신의 생각을 표현하려면 말을 좀 줄여 써야 합니다. 새로운 것을 추구하는 신세대 취향과 잘 맞는 언어입니다.

3 전 통신언어의 사용을 찬성해요. 요즘엔 인터넷을 사용하는 경우가 많은데 짧은 시간에 자신의 의사를 전달하려면 통신언어의 사용은 피할 수 없잖아요.

뛰어넘자 교과서
학생, 휴대폰 교내 사용 금지

G·U·I·D·E 학교 안에서 휴대폰 사용을 금지시킨다는 기사입니다. 글을 읽고 중심 생각을 확인하며 문제를 풀어봅니다.

1 휴대폰을 학교에 가져 오지 마라.

2 학생들의 과소비를 막고, 학습 분위기를 해치는 요인을 줄이기 위해

3 **G·U·I·D·E** 학교 내에 휴대폰을 왜 못 가져 오게 하는지 생각해 봅니다.

week 07
영재 클리닉 02
우리 마을 지도를 그려 봐요
63쪽

3	사용되고 있는 기호	내가 만든 기호
병원	✚	(주사기)
학교	▙	(연필)
온천	♨	(가마솥)
해수욕장	⊙	(수영복)

내 눈으로 보는 교과서
우리 집에서 학교 까지 가는 길에는 …

1 G·U·I·D·E 집에서 학교까지의 주변에 무엇이 있는지 주의 깊게 살펴보고 써 봅니다.

2 G·U·I·D·E 내가 쓴 내용과 친구들이 쓴 내용을 비교해 봅니다.

Step By Step
01 지도에는 왜 기호가 있을까요?

G·U·I·D·E 지도의 기호의 효율성에 대해 알아보고 나만의 기호를 만들어 봅니다.

1
교회	병원 / 약국	음식점
✝	✚	🍚
공원	빌딩	아파트
🌳	🏢	🏬

2 간단하고, 나타내고자 하는 것의 특징이 잘 나타나 있어야 해요.

02 왜 과거의 지도와 현재의 지도가 다를까요?

1 G·U·I·D·E 지도가 변하는 이유가 제시문 외에 다른 것은 없는지 생각해 봅니다.

03 다양한 지도를 알아봐요

G·U·I·D·E 다양한 지도에 대해 알아보고, 지도가 어떻게 사용되고 있는지 생각해 봅니다.

1 ① : 기후도
② : 지하철 노선도
③ : 관광 안내도
④ : 지형도

2 ① 지역에 따라 기후가 어떻게 다른지 알 수 있어요.
② 지하철이 어디서 어디까지 가는지 알 수 있고, 내가 가고자 하는 곳에 가려면 지하철을 어디서 어떻게 갈아타야 하는지 알 수 있어요.
③ 그 고장에서 가장 유명한 음식이나 장소 등은 무엇인지 알 수 있어요.
④ 산과 강, 들 등의 땅 모양을 알 수 있어요.

3 자유롭게 그려 봅니다.

영재 클리닉 plus
미란이네 집은 어디예요?

G·U·I·D·E 지도의 위치를 보고 설명해 봅니다.

1 ① : 뒤쪽
② : 오른쪽
③ : 왼쪽
④ : 오른쪽의 문방구 앞 횡단 보도를 건너 가면 돼요.

1 ㉠ 툭, 톡, 쿵 등
㉡ 헐레벌떡, 후다닥, 휘리릭, 슝 등
㉢ 겁쟁이, 깜짝 놀란, 날쌘 등
㉣ 어리둥절한, 어이없는, 멍한 등

2 다람쥐와 토끼에서 왜 도망을 치는지 물어볼 것 같아요. 다른 동물들과 함께 도망을 칠 것 같아요. 등

3 ① 붉은
② 노란, 나풀나풀

4 · 글이 재미있어요.
· 눈과 귀로 보고 듣는 것처럼 생생한 느낌이 들어요.

논술 에너지를 쌓아라
01 배가 고파요

1 ①은 꾸며 주는 말을 많이 썼고 ②는 꾸며 주는 말을 안 썼어요.

2 ① 글쓴이가 정말 배가 고팠고, 정말 맛있게 저녁을 먹은 것 같다는 느낌이 들었다.
② 글쓴이가 정말 배가 고팠는지 밥을 맛있게 먹었는지 느낌이 잘 전해지지 않는다.

3 보글보글, 쿵쿵쿵, 쏘옥, 후다닥, 빨간, 송송송, 슝, 아삭아삭

4 ① 보글보글 : 지글지글, 부글부글 등
② 후다닥 : 허겁지겁, 냉큼 등

week 08
논술 클리닉
글이 맛있어요
71쪽

내 눈으로 보는 교과서
이야기가 재미있어요

G·U·I·D·E 개성있는 나만의 꾸미는 말을 사용하여 글을 완성해 봅니다.

02 앗! 냄새

G·U·I·D·E 그림을 보고 그림 속에 펼쳐진 상황을 상상하여 이야기 해 보는 활동입니다. 그림을 있는 그대로 설명해 봅니다.

1 눈을 가리고 냄새로 무엇인지 맞추는 시합을 했어요.

2 나비는 꽃을 찾아 다니니까 나비에게서 꽃향기가 났기 때문이에요.

3 ① 토끼와 다람쥐가 냄새로 무엇인지 맞추는 시합을 하기로 했어요.
② 꽃 향기가 나서 토끼는 눈을 가리고 나비라는 것을 알 수 있었어요.
③ 다람쥐는 눈을 가리고 냄새를 맡아 보니 똥 냄새가 나서 똥이라고 생각했어요.
④ 눈가리개를 풀어 본 다람쥐가 놀랐어요.

4 G·U·I·D·E 원래 그림 속에서 눈가리개를 푼 다람쥐의 앞에 똥이 아닌 스컹크가 방귀를 '뽕' 하고 뀌고 있습니다. 정해진 정답이 있는 문제가 아니므로 자유롭게 상상하고 그려 봅니다.

신나는 논술
내 말을 잘 들어 봐

G·U·I·D·E 앞의 내용을 정리해 봅니다. 꾸미는 말을 활용하여 친구들에게 이야기하듯이 글을 써 봅니다.

토끼와 다람쥐는 눈을 가리고 냄새만으로 눈 앞에 무엇이 있는지 맞추는 시합을 하기로 했어.
"가위, 바위, 보"
가위 바위 보에서 진 토끼가 먼저 눈을 가리고 눈앞에 무엇이 있는지 맞추기로 했지.
"자! 시작한다. 토끼야. 네 앞에 무엇이 있는지 맞춰 봐."
"킁킁. 음. 따끔따끔 가시가 돋은 장미 꽃 냄새가 나기도 하고, 한들한들 바람에 흔들이는 코스모스 향기가 나는 것 같기도 하고……. 아! 알겠다. 나비구나?"
"딩동댕. 토끼 너 정말 대단하다."
"자! 이번에 다람쥐 네 차례야."
눈가리개를 질끈 동여맨 다람쥐는 킁킁대며 냄새를 맡기 시작했어.
"윽! 아니 이거 웬 똥 냄새야? 누구 똥인지? 정말 냄새 한 번 고약하군."
다람쥐는 코를 막으려 고래를 절래절래 저으며 뒷걸음 쳤어요.
"다람쥐야. 똥 아니야. 다시 한번 냄새를 맡아 보고 맞춰 봐."
"웩! 싫어 싫어. 보나마나 똥이야. 똥."
하고 말하며 눈가리개를 휘리릭 풀어 헤쳤어요.
"앗! 이럴 수가" 다람쥐가 깜짝 놀랐어요.
"똥이 아니라 스컹크잖아. 에이!"

논술 PLUS
강아지의 하루

1 G·U·I·D·E 사진을 보고 하나의 이야기가 완성되도록 말상자를 채워 봅니다.

2 아침에 늦잠을 자고 일어난 쮸쮸는 배가 고팠어요. 그래서 밥 그릇에 있던 아침밥 한 그릇을 후다닥 먹어버렸지요.
밥을 다 먹고 난 쮸쮸는 심심해서 똘똘이네 집에 놀러 가려고 해요. 그런데 이제 웬일이지요. 아침밥을 너무 급하게 먹었나요? 똘이네 집에 가는 길에 갑자기 배가 아파오기 시작하는 거예요.
화장실을 찾던 쮸쮸는 그만 길거리에다 실례를 하고 말아요.
힘들게 똘이네 집에 도착한 쮸쮸는 똘이와 놀고 싶지만 밥 먹는데 신경을 쓰는 똘똘이를 기다리다가 잠에 빠져들었답니다.